KB271060

회계정보를 이용한 기업가치평가

기업특성과 보수주의회계의 영향
-Feltham and Ohlson(1995)모형을 중심으로

회계정보를 이용한 기업가치평가

기업특성과 보수주의회계의 영향
-Feltham and Ohlson(1995)모형을 중심으로

김 문 현

본 연구는 더존경영연구소의 지원에 의해 이루어진 것임.

책머리에

회계정보를 이용한 가치측정은 회계학연구의 오랜 관심사이지만, 실증 회계학 연구의 주제가 된 것은 비교적 최근의 일이다. 과연 회계는 기업가치를 측정하는 체계로서 타당한가? 그렇다면 회계정보로부터 기업가치를 어떻게 측정할 것인가? 이러한 기본적인 의문에 대해 Ohlson(1995)모형과 Feltham and Ohlson(1995)모형은 실증분석을 위한 틀을 제시하고 있다.

Ohlson(1995)의 기업가치평가모형은 배당·현금흐름 등을 결정요인으로 하는 평가모형에 비해 이론적으로 우월한 방법으로 평가되고 있다. 현금흐름의 할인에 의한 기업가치의 결정이라는 개념적 타당성을 기초로 하고 있으며 명목적 가치측정체계로서 회계구조(순수잉여관계)를 반영하고 있다. 관련 실증결과 또한 회계정보를 이용한 가치평가모형이 내재가치모형으로 적합함을 보여주고 있다. 한편, Feltham and Ohlson(1995)의 기업가치평가모형에 의하면 순영업자산의 과소기록에 의해 비정상이익이 지속적으로 나타나는 경우 즉, 보수주의회계는 정확한 기업가치를 결정하기 위해 고려되어야 할 중요한 변수이다.

회계정보를 이용한 기업가치평가모형으로 Ohlson(1995)모형과 Feltham and Ohlson(1995) 모형이 소개된 이후 회계학계에서는 이 모형을 이용한 다양한 연구가 왕성하게 진행되어 왔다. 초기에는 이 모형을 소개하고 어떻게 회계학 연구에 적용 가능한가를 설명하는 연구에서 모형의 우수성을 실증적으로 보여주는 연구들이 시도되었다. 그 이후 다양한 연구주제를 대상으로 의미 있는 연구결과가 축적되고 있다. 여기에는 회계정보의 정보효과를 다룬 정보적 관점의 대부분의 연구과제들이 포함되어 있다.

본 연구에서는 회계정보를 이용한 기업가치평가에 대한 이론과 연구들을 검토하고, 기업특성이 기업가치평가에 미치는 영향을 분석하였다. 실증회계연구(positive accounting theory)는 기업특성과 경영자의 이익보고행태 사이의 관련성을 제시하고 있는데, 본 연구에서는 기업특성변수와 보수주의회계의 관련성을 통해 기업특성변수가 기업가치평가에 미치는 영향을 실증하고자 하였다. 구체적인 연구과제는 첫째, 이익과 순장부가치의 기업가치에 대한 의미가 다를 경우 보수주의회계의 역할 둘째, 보수주의회계의 기업특성별 차이 셋째, 회계처리방법이 기업가치평가에 미치는 영향 등이다. 1993년-1995년 사이 12월 결산 상장 제조업체를 대상으로 한 실증분석 결과는 다음과 같다.

첫째, 기업규모가 작을수록, 부채비율이 높을수록, 소유구조가 분산되어 있을수록 보수주의회계의 정도는 컸다. 이러한 결과는 가설과 같은 것으로, 기업특성변수와 비정상이익 사이의 관계를 추론한 후 경쟁상황에서 비정상이익은 소멸할 것이므로 비정상이익이 큰 경우 보수주의회계의 정도가 클 것으로 판단하였다. 추가분석으로 변수 사이의 다중공선성 문제를 피하기 위해 미기록영업권(기업가치와 순장부가치의 차이)을 이용하여 전체표본을 동질성이 확보되도록 분할하여 재검증하였다. 미기록영업권이 양인 경우는 기업규모와 부채비율이, 미기록영업권이 음인 경우는 부채비율과 소수주주지분비율이 유의적이었다. 보수주의회계는 기업규모에 의해 주로 영향을 받으며, 자유주의회계는 기업규모와 소수주주지분비율뿐만 아니라 타 요인에 의해 영향을 받는 것으로 나타났다. 부채비율에 대해 비유의적인 결과를 얻은 것은 부채비율이 기업규모를 대리하기 때문으로 예상되었다.

둘째, 회계이익과 순장부가치가 기업가치의 수준에 대해 의미를 달리하는 경우 보수주의회계의 정도가 기업가치를 설명하는 유의적인 변수였다. 회계이익 또는 순장부가치는 기업가치평가에 상호보완적인 역할을 하지만 기업가치 수준에 대해 예상이 다를 경우에는 상호보완성이 완전하지 않은 것으로 판단된다. 또한, 보수주의회계의 정도는 자산재평가 후 경과기간과 상장기간이 긴 기업에서 큰 것으로 나타났는데 이는 장부가치가 시장가치에서 크게 괴리되기 때문일 것이다.

셋째, 순수잉여관계를 벗어나는 회계처리의 한 예인 순전기오류수정이익은 보고연도의 기업가치에는 영향을 미치지 않는 반면 보고연도의 직전으로 가정한 발생연도의 기업가치에 반영되었다. 단기간동안 예측된 회계이익 또는 현재의 회계수치로 기업가치를 평가하는 경우에 전기오류수정항목을 통한 이익조절은 예측오차를 크게 하고 적절한 기업가치평가를 어렵게 하므로 당기손익을 구성하도록 한 전기오류수정의 회계처리에 대한 개정 기업회계기준은 타당하다고 하겠다. 한편, 감가상각방법으로 정액법이 아닌 정률법을 사용하는 표본에서 보수주의회계의 정도가 큰 것으로 나타났다. 그러나 보수적인 회계처리방법이 기업가치평가 시 고려해야 할 것이라기보다는 미기록영업권의 지속여부에 대한 시사점을 제공하는 것으로 판단된다.

이상의 결과는 기업특성과 보수주의회계가 기업가치평가에 미치는 영향을 제시하고 있다. 개별기업의 보수주의회계의 크기를 판단할 수 없는 경우 가령, 기업별 시계열 회계정보가 충분하지 않거나 신규상장기업의 주가평가 등의 경우에 본 연구의 결과는 유용하게 활용될 수 있을 것이다.

한국학술정보(주)의 도움으로 뒤늦게 출간된 이 책이 회계정보를 이용한 가치평가에 관심 있는 분들에게 도움이 되길 바란다.

김문현

차 례

도표 차례

제1장 서 론

제1절 회계정보를 이용한 기업가치평가의 의의

회계의 역할은 투자자를 포함한 이해관계자들의 의사결정에 유용한 정보를 제공하는 것이며, 이러한 역할을 수행하기 위해 회계는 기업가치를 측정하고 측정된 정보를 이해관계자에 전달하는 기능을 수행한다. 회계는 기업가치를 측정하는 체계임과 동시에 의사소통수단으로 기능한다.[1]

이해관계자들이 회계로부터 얻고자하는 정보는 그들의 의사결정의 내용에 따라 다양하지만 주된 관심사항은 장래 기업가치의 변화에 대한 것이다. 정확한 기업가치와 새로운 정보에 대한 기업가치의 변화는 그들의 부를 결정한다. 따라서 회계가 측정하고 전달하고자 하는 대상은 궁극적으로 기업가치라 할 것이다. 그런데 회계가 기업가치를 측정하는 체계로 타당하지 않을 경우 회계가 완전한 의사소통의 수단으로 역할을 다하기 기대하기 어렵다. 회계정보로부터 기업의 참된 가치인 내재가치를 정확히 측정할 수 없다면, 자본시장에서 이해관계자들의 의사결정은 기업가치에 대한 부정확한 정보에 기초하게 되는 것이다. 이런 점에서 자본시장의 반응을 통해 회계정보의 가치를 분석하는 연구의 실증결과는 제한된 의미를 지닐 뿐이다.

자본시장회계연구(market-based accounting research; MBAR)는 의사소통수단으로서 회계의 입장에서 회계정보의 정보적 가치를 시장의 반응을 통해 연구해 왔다. 회계정보가 시장에 반영되는지 또는 공시된

---

1) Paton, W. A., *Essentials of Accounting*, rev. ed., 1949, p.1., 이정호(1996) pp.201-202.에서 재인용.

14

회계정보에 시장이 어떻게 반응하는지를 주된 연구대상으로 하는 정보
적 관점(information perspective)의 연구는 시장에서 회계정보가 이해
관계자에 의해 다양하게 활용되고 있음을 보여주었다. Ball and
Brown(1968) 이후 자본시장회계연구에서 이루어진 많은 연구들은 이러
한 정보적 관점에 대한 충분한 실증적 증거를 제공하고 있다.
Beaver(1986)는 이상적인 회계이익을 측정하기 위하여 여러 가지 대체
적 측정치를 평가하는 데 관심을 쏟았던 전통적인 이익측정의 관점으
로부터 회계정보의 가치에 대한 정보적 관점으로의 변화를 회계학의
혁명(accounting revolution)으로 평가한 바 있다.

최근 정보적 관점의 연구에서는 회계가 기업가치를 측정하는 체계로
타당한지에 대한 검증 없이 회계정보의 정보가치를 분석하고 있다는 비
판을 받고 있다. 회계정보에 대한 자본시장의 반응이 바로 회계정보가
기업의 가치를 적절히 평가하고 있다는 증거로 수용될 수 없다는 것이
다. 최근의 회계정보를 이용하여 기업가치를 측정하려는 연구는 과연
회계는 기업가치를 측정하는 체계로서 타당한가, 그렇다면 구체적으로
어떻게 회계정보로부터 기업가치를 측정할 것인가에 관심을 두고 있다.

Ohlson(1995) 및 Ohlson and Feltham(1995)은 회계는 가치(순장부가
치)와 가치변화(이익)를 측정하는 체계라는 인식을 기초로 하여 기업가
치평가 시 회계정보가 어떠한 역할을 하는지 분석하고 있다. 회계정보와
기업가치의 함수관계에 대한 연구는 회계의 가치측정체계로서의 타당성
과 회계정보의 유용성에 대한 직접적인 증거를 제공하는 틀을 제공한다.
이러한 회계와 회계정보를 바라보는 시각의 변화 즉, 정보적 관점으로부
터 가치측정적 관점(valuation perspective)으로의 변화는 '기본으로의 회
귀(return to fundamentals 또는 back to basics)'로 평가되고 있다.[2]

회계정보를 이용한 기업가치평가에 관한 연구는 투자자의 회계에 대한 요구에 부합된다. 투자자들은 자력으로 또는 분석가의 도움을 얻어 시장에서 평가가 적절하게 이루어지지 못하고 있는 주식과 투자수익을 최대화할 수 있는 시점을 찾고자 한다. 회계정보를 이용하여 기업가치를 평가할 수 있다면 회계정보는 투자자의 의사결정에 유용한 판단지표로 활용될 수 있을 것이다.

그런 점에서 회계정보를 이용한 기업가치평가에 관한 연구는 현재 자본시장에서 관찰되는 기업의 시장가치와 내재가치 사이의 차이를 산출하는 데 중요한 수단인 기본적 분석(fundamental anlysis)의 역할을 제고한다. 회계정보에 기초한 기업가치평가모형은 시장의 효율성여부에 무관하게 관찰된 주가에 기초하지 않는 내재가치모형이다. 투자수익은 기업가치를 결정하는 다양한 요인들에 의해 발생하므로 기업가치의 주요 설명변수인 이익·순장부 가치 외에 다른 회계정보의 분석으로부터 더욱 정확한 내재가치를 측정하는 것이 가능할 것이다.

회계정보를 이용한 기업가치평가는 정보적 관점에서 수행된 자본시장연구를 검토하고 평가하는 틀도 제시해 준다. 정보적 관점하에서 수행된 연구의 주된 이론적 근거였던 효율적 시장가설(efficient market hypothesis; EMH), 자산가격결정모형(capital asset pricing model; CAPM)과 비교해볼 때 가치측정적 관점의 연구는 자본시장의 효율성을 가정하지 않으며 기업가치평가모형을 회계의 관점에서 제시한다. 회계정보와 주가 사이의 직접적인 관계를 통해 수익률 또는 초과수익률을 설명하는 회계변수를 유도하는 것이 가능하므로 비기대이익과 비정상수익률에 의존한 기존 연구는 새롭게 검토될 수 있을 것이다.

그런데 기업가치평가 목적으로 회계정보를 활용하는 데 있어서 직접적으로 문제가 되는 것은 보수주의회계이다. 회계수치는 회계처리방법에 의해서 직접적으로 영향을 받기 때문에 회계정보를 이용하여 기업가치를 평가할 때 보수주의회계는 중요한 기업가치 설명변수로 고려되어야 한다. Feltham and Ohlson(1995)에서는 회계이익 및 순장부가치와 더불어 순영업자산에 대한 보수주의회계가 기업가치평가에 미치는 영향을 고려하고 있다. 순영업자산에 대해 순장부가치와 시장가치의 차이인 영업권을 장기적으로 인식하지 못하는 보수주의회계는 당기이익을 작게 보고하려는 경향인 보수적인 회계처리와 개념적으로 다소 차이가 있다. 회계처리방법의 비교로부터 미기록영업권의 지속여부를 판단할 수 없는 것이다. 따라서 어떠한 요인에 의해 보수주의회계의 크기가 영향을 받는지 이해하는 것은 적절한 기업가치평가를 위해 중요하다.

본 연구에서는 보수주의회계의 정도를 기업특성변수를 사용해서 설명하는 것이 가능한지 실증하고자 한다. 기업특성변수는 기업규모·자본구조·소유구조 등 기존 실증회계연구(positive accounting theory; PAT)에서 기본가설(기업규모가설, 부채비율가설, 주주지분비율가설)을 검증하는 데 사용된 것들이다. 실증회계연구에서는 경영자의 회계절차 선택에 기업특성변수가 미치는 영향을 보여주었지만 이익의 기간 간 이전이 기업가치평가에 미치는 영향은 알려주지 못하고 있다. 본 연구에서는 Feltham and Ohlson(1995) 모형을 이용하여 이러한 기업특성변수가 기업가치평가에 미치는 영향을 추론하고 검증하고자 한다.[3]

제2절 연구내용 및 연구방법

본 연구에서는 기업특성변수가 기업가치에 미치는 영향을 실증하기 앞서 실증모형으로 사용된 FO(1995)모형의 타당성을 이론적인 관점에

---

[3] 이하 FO(1995)모형이라 한다.

서 검토하였다. 비교대상이 된 기업가치평가모형은 미래배당할인모형, 미래현금흐름할인모형, 미래이익할인모형, 회계수치승수모형이며 이러한 구분은 평가속성에 따른 것이다. 어느 모형이 기업가치평가모형으로 적절한지에 대한 평가는 첫째, 모형이 가치평가이론에 부합하는가? 둘째, 실제 평가모형을 적용할 때 실용적이며 다른 방법에 의할 때보다 적용시 효율적인가? 셋째, 평가속성이 기업가치 결정요인인가에 의해 판단된다. 이러한 기준을 근거로 다른 모형에 비해 FO(1995)모형이 이론적·실증적으로 우월한 모형인지 살펴볼 것이다.

Ohlson(1995)은 배당평가모형에 기본적인 회계구조 즉, 순수잉여관계를 가정하여 현순장부가치와 미래기대비정상이익에 의해 기업가치가 결정되는 모형을 유도하였다. 순장부가치가 시장가치를 장기적으로 반영하지 못하는 경우에는 비정상이익이 미래 무한정 계속된다. Feltham and Ohlson(1995)은 미기록영업권(기업가치와 순장부가치의 차이)이 장기간 지속되는 것을 보수주의회계(또는 자유주의회계)로 정의하고 기업가치평가에 미치는 영향을 모형화하였다. 선형기업가치평가모형에 의하면 특정시점의 기업가치는 그 시점의 회계이익, 순장부가치, 순영업자산의 선형결합에 의해 측정된다. 이때 순영업자산의 계수는 보수주의회계의 경우 양의 값을, 자유주의회계의 경우 음의 값을 갖는다.

본 연구의 주된 실증과제는 기업특성변수와 보수주의회계의 정도 사이에 관계를 확인하는 것이다. 기업특성변수로 사용된 기업규모·부채비율·소수주주지분비율은 실증회계연구의 기본가설 검증에 주로 사용되는 것들이다. 실증회계연구에서는 경영자의 회계처리절차 선택행위를 기업특성변수를 통해 설명하고 있지만 이러한 행위가 기업가치평가에 어떠한 영향을 미치는지 알려주지 못한다. 그러나 본 연구에서는 이들 기업특성변수가 기업가치평가에 어떠한 영향을 미치는지 가설을 유도하고 이를 검증하고자 하였다.

일반적으로 비정상이익은 경쟁에 의해 단기간에 소멸한다. 그러나 보수주의회계하에서는 비정상이익이 지속되는데 이는 순영업자산의 과소기록이 그 원인이다. 본 연구에서는 경쟁에 의해 소멸될 부분을 배제하고 비정상이익 전체로부터 보수주의회계의 가능성을 추론하였다. 경쟁상황에서 특정시점에 존재하는 비정상이익은 순영업자산의 과소기록에 의해 야기되므로, 비정상이익이 작은 경우에 비해 비정상이익이 클 경우 보수주의회계의 정도가 클 것으로 예상할 수 있다. 이때 비정상이익은 보고이익과 정상이익의 차이로 계산되는데, 보고이익의 상대적인 크기는 실증회계연구의 가설로부터 추론하고 정상이익의 상대적 크기는 모형의 정의에 따라 기초가액의 크기로부터 추론하였다. 가령 상대적으로 기업규모가 작은 기업에 비해 기업규모가 큰 기업은 보고이익을 작게 하는 대신 정상이익은 크므로 비정상이익이 작아서 보수주의회계의 정도가 작을 것이다. 자본구조와 소유주조에 대한 가설추론의 과정도 이와 같다. 본 연구에서는 기업규모를 ln(총자산), ln(순매출액)로 측정하고, 자본구조는 부채비율 총부채/총자산로, 소유분산정도는 소수주주지분비율로 각각 측정하였다. 기업특성변수와 보수주의회계의 정도 사이에 추론된 가설은 기업규모는 음의 관계, 부채비율과 소수주주지분비율은 양의 관계이다. 기업특성변수는 보수주의회계의 크기에 영향을 미침으로써 기업가치평가에 영향을 준다.

본 연구의 실증모형은 FO(1995)모형으로부터 유도되었다. 기업가치는 회계이익, 순장부가치, 순영업자산의 선형결합으로 표현되는데 생략된 변수문제(correlated omitted variables problem), 이분산문제(heteroscedasticity)를 피하기 위해 순장부가치로 모든 변수를 나누었다. 기업특성변수는 보수주의회계를 설명하는 변수로 모형에 포함되었다. 표본은 1993년-1995년 상장 제조업체로서 12월 결산법인 중에 선정되었다. 회계수치가 음인 경우는 해석상에 문제가 있기 때문에 당기순이익과 순장부가치가 음인 경우는 배제되었다. 감사의견이 적정의견이 아닌 기업과 관리대상인 기업은 재무제표정보의 신뢰성이 낮기 때문에 또한 배제되었다. 주식가치로 기업가치를 측정하기 위해서 1993년 이후 상장업체를 대상으로 하였다.

구체적으로 실증은 전체표본을 대상으로 했을 뿐만 아니라 미기록영업권(기업가치와 순장부가치의 차이)의 부호에 따라 또한 미기록영업권이 지속되는 경우 등으로 표본을 분할하여 수행하였다. 특정시점의 미기록영업권의 부호에 따른 표본의 분할은 일시적 미기록영업권의 차이를 반영한 것이며, 미기록영업권이 지속되는 경우는 보수주의회계 또는 자유주의회계에 따른 실증결과의 차이를 보기 위함이다.

한편, 본 연구에서는 보수주의회계를 고려한 기업가치평가모형의 타당성을 살펴보기 위해 다음과 같은 추가분석을 하였다.

첫째, 회계이익과 순장부가치가 기업가치에 대해 서로 다른 의미를 제공할 경우 순영업자산에 대한 보수주의회계가 기업가치평가에 어떠한 역할을 하는지 살펴보았다. 회계이익과 순장부가치는 기업가치평가에 상호보완적인 역할을 하지만 이러한 관계가 완전하지 않은 경우 보수주의회계가 그 차이를 설명할 예상된다. 이를 실증하기 위해 기업을 각각 주가이익비율(PER)과 주가장부가치비율(PBR)의 상대적 크기에 따라 9개의 포트폴리오로 나누고 각 포트폴리오에 회계이익, 순장부가치 및 순영업자산에 대한 보수주의회계를 고려한 회귀식을 적용하였다. 각 비율의 고·중·저 등 상대적 크기는 표본수, 또는 값의 크기에 의해 결정하였다.

둘째, 자산재평가 후 경과기간 및 상장기간에 따라 표본을 구분하고 보수주의회계의 크기를 비교하였다. 자산재평가 후 경과기간이 긴 기업은 그렇지 않은 기업에 비해 보수주의회계의 정도가 클 것으로 예상되는데 이는 자산재평가 결과 순영업자산의 과소기록이 상당히 해소되기 때문이다. 이러한 추론을 검증하기 위해 자산재평가연도가 1981년-1985년인 기업과 1989년-1993년인 기업으로 표본을 나누어 회귀분석하였다. 한편, 상장기간이 긴 기업은 그렇지 않은 기업에 비해 보수주의회계의 정도가 클 것으로 예상되는데 이는 상장기간이 길수록 역사적 원가와 시장가치의 괴리가 크기 때문이다. 이러한 추론을 검증하기 위해 상장연도가 1980년-1984년인 기업과 1989년-1993년인 기업으로 표본을 나누어 회귀분석하였다.

셋째, 이익의 기간 간 이전에 영향을 미치는 회계처리방법과 미기록 영업권이 지속되는 보수주의회계 개념을 비교하였다. 보고이익을 크게 하기 위해 사용되어온 전기오류수정항목과 주요 회계처리방법으로 감가상각방법 및 제품과 상품평가방법의 선택에 따라 보수주의회계의 정도가 영향을 받는지 실증하였다. 우선, 전체표본과 비기대이익의 부호에 따라 구분된 표본을 대상으로 순전기오류수정이익이 보고연도의 기업가치에 반영되는지 발생연도의 기업가치에 반영되는지 실증하였다. 전기오류수정항목에 대한 회계처리는 발생연도와 보고연도의 차이로 인해 Ohlson(1995)모형의 주된 가정인 순수잉여관계(clean surplus relation)를 벗어나는 주된 예이다. 전기오류수정항목이 어느 시점에 기업가치에 반영되는지 살펴봄으로써 전기오류수정손익을 손익계산서에 포함시키고 있는 개정기준의 타당성을 살펴볼 수 있을 것이다. 그리고 보고이익의 크기에 영향을 미치는 회계처리방법에 대해서도 회계처리방법별 표본을 구분하여 보수주의회계의 크기를 비교하였다.

이러한 내용에 대한 실증을 통해 다음과 같은 연구결과를 기대할 수 있을 것이다.

첫째, 기업가치평가 시 이익과 순장부가치가 기업가치에 대해 서로 다른 의미를 제공할 때 그 차이를 순영업자산에 대한 보수주의회계가 설명한다면 기업가치평가모형으로서 승수모형에 비해 회계정보를 이용한 기업가치평가모형의 타당성을 지지할 수 있을 것이다. 자산재평가 및 상장 후 경과기간에 따른 보수주의회계 정도의 비교 연구로부터 또한 동일한 기대를 할 수 있다.

둘째, 기업특성과 보수주의회계의 정도가 관련 있음을 보여줌으로써 기업특성변수가 기업가치평가에 미치는 영향을 이해할 수 있다. 기업별 시계열 회계정보가 충분하지 못한 경우 또는 신규상장기업의 주가평가 등의 경우에 유사 기업특성을 지닌 기업들의 보수주의회계의 기업가치에 대한 영향을 살펴봄으로써 정확한 기업가치평가에 도움을 얻을 수 있을 것이다.

셋째, 전기오류수정항목을 당기순이익에 포함하는 것이 기업가치평가에 더 적절하다면 전기오류수정항목을 특별손익항목에 포함하고 있는 개정 기업회계기준의 타당성은 지지될 수 있을 것이다.

본 연구의 구성은 다음과 같다.

제2장에서 제4장까지는 회계수치를 이용한 기업가치평가모형을 검토하였으며, 제5장과 제6장은 주요 연구과제에 대한 실증분석결과를 제시하였다.

제2장에서는 정보적 관점의 연구와 가치측정적 관점의 연구를 비교한 후 회계정보를 이용한 기업가치평가모형인 Ohlson(1995)모형과 FO(1995)모형의 이론적 타당성을 살펴본다. 또한 이 모형을 이용한 실증결과를 검토함으로써 실증적 관점에서 모형의 타당성을 살펴본다. 제3장에서는 기업가치평가 시 회계정보의 역할을 검토한다. 이익과 순장부가치가 기업가치에 대해 서로 다른 의미를 제공할 때 보수주의회계의 역할, 주요 기업특성과 보수주의회계 정도의 관계, 기업가치평가 시 전기오류수정항목의 역할 등을 검토한다. 제4장에서는 Ohlson(1995)모형과 Feltham and Ohlson(1995)모형을 이용한 선행연구를 검토한다. 제5장에서는 각 연구주제에 대한 가설을 설정하고, 실증분석을 위해 기

본회귀모형을 유도하며 표본의 선정방법·변수의 측정방법 등을 설명한다. 제6장에서는 각 연구주제별로 실증분석의 결과를 제시하고 실증결과가 갖는 의미에 대하여 설명한다. 기업특성변수와 보수주의회계의 관계를 실증하고, 보수주의회계를 고려한 기업가치평가모형의 타당성을 실증한다. 제7장에서는 본 연구의 결론 및 시사점, 그리고 연구의 한계와 미래 연구방향 등을 설명한다.

제2장 회계정보를 이용한 기업가치평가모형의 이해

본 장에서는 회계정보의 역할에 대한 정보적 관점의 연구와 가치측정적 관점의 연구를 비교·검토하고, 회계정보를 이용한 기업가치평가모형인 Ohlson(1995)모형과 FO(1995)모형의 타당성을 이론적인 관점과 실증적인 결과를 중심으로 살펴본다.

제1절 정보적 관점의 연구와 가치측정적 관점의 연구의 비교[4]

투자자를 포함한 이해관계자의 의사결정을 지원하기 위해 회계는 기업가치를 측정하고 측정된 기업가치를 이해관계자에게 전달하는 기능을 수행한다. 회계의 기능에 대한 전자의 입장에서 회계정보를 이용하여 기업의 내재가치를 찾는 연구를 가치측정적 관점(valuation perspective)의 연구라 하며, 후자의 입장에서 자본시장의 반응을 통해 회계정보의 가치를 확인하는 연구를 정보적 관점(information perspective)의 연구라 한다.

정보적 관점하에서는 주가와 회계정보 사이에 존재하는 상관관계를 회계정보의 유용성에 대한 증거로 주장한다. 이런 주장은 경제학과 재무관리에서 개발된 효율적 시장가설(EMH)과 자산가격결정모형(CAPM)을 이론적 근거로 하고 있다. 자본시장이 정보에 대해 효율적

---

[4] 본 연구에서 가치측정적 관점의 연구는 회계정보를 이용하여 기업가치를 측정하는 Ohlson(1995) 및 FO(1995)모형을 대상으로 한 최근의 연구를 의미한다.

이고 주가가 기업가치에 영향을 미치는 모든 요인을 반영하고 있다면 회계이익과 주가 사이의 관계로부터 이익이 가치의 측정치 또는 지표로 유용하다는 주장이 가능해진다.[5] 반면 가치측정적 관점하에서 회계정보는 기업가치를 설명하는 변수(평가속성)를 의미하며 회계정보를 이용하여 측정된 기업가치는 내재가치(intrinsic value)를 의미한다.[6] 그리고 시장의 효율성여부에 무관하게 내재가치를 찾는 기본적 분석(fundamental analysis)[7]은 회계정보의 유용성을 주장하는 수단으로 활용된다.

두 관점에 따른 회계정보의 역할의 차이는 〈그림 2-1〉로 나타낼 수 있다. 정보적 관점하의 연구에서는 효율적 시장가설에 의해 가치결정과정(pricing)은 관찰되지 않으며 시장에서 결정되는 주가는 기업의 참된 가치를 나타내므로 회계정보는 자본시장변수와의 관련성에 의해 그 역할이 평가된다. 반면 가치측정적 관점하의 연구에서는 가치측정과정에 시장이 개입되지 않는 것으로 보며 회계정보는 기업가치측정에 변수를 구성한다. 내재가치와 시장에서 관찰되는 가치 사이의 차이를 보이고 설명하는 것 또한 회계정보의 역할이다.

---

5) Watts and Zimmerman(1988), 역서 오용규(1988) p.53.
6) 내재가치는 자산·이익·배당·전망 등의 사실(facts)에 의해 타당화되는 가치이다.(Graham, Dodd, and Cottle(1962)) 내재가치는 본질적으로 중심화경향을 띤 가격으로 가격은 내재가치로 수렴할 것으로 기대된다(Cottle, Murry, and Block(1988)).
7) 기본적 분석은 회계이익·배당금·자본구조·성장잠재력 등과 같은 기업의 기본변수(fundamentals)에 의하여 내재가치(intrinsic value)를 평가하는 것이다(Foster(1993), 역서 이정호 외(1993) p.344.).

[정보적 관점]

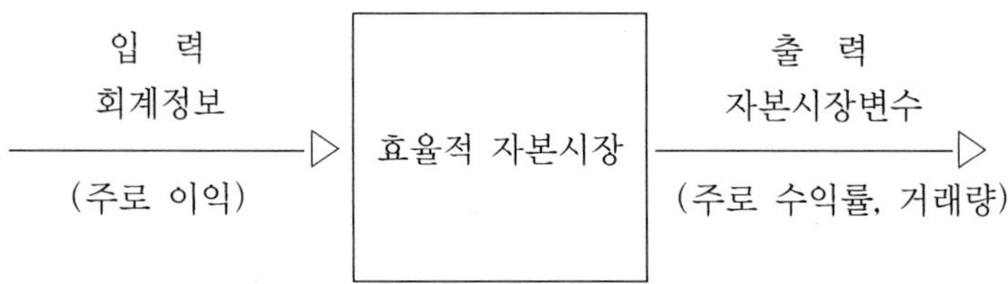

[가치측정적 관점]

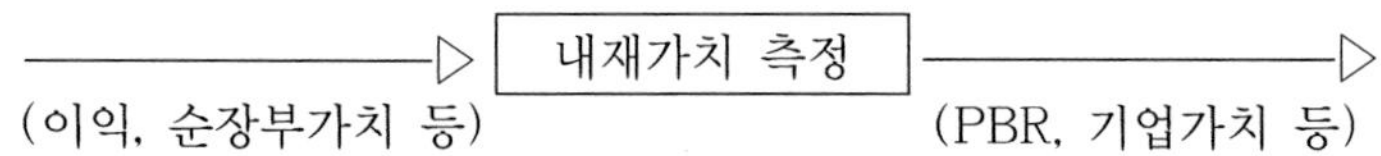

〈그림 2-1〉 회계정보의 역할: 정보적 관점과 가치측정적 관점의 비교

정보적 관점하의 연구에서 회계이익과 가격의 관련성은 현재가격과 미래배당의 관련성, 미래배당과 미래이익의 관련성, 미래이익과 현재이익의 관련성의 3단계 과정을 통해 연결된다. 현재이익이 정보로서 가치를 갖기 위해서는 회계이익이 미래 배당지급능력과 관계가 있어야 하는데 미래이익과 배당능력 간의 통계적 상관관계 가정하에서 현재이익과 미래이익의 관계를 분석함으로써 이러한 관계가 주장될 수 있다. 회계이익이 미래의 배당과 관련이 있고 기대하지 못한 회계이익의 변화로 인하여 미래배당에 대한 기대가 변화한다면 비기대회계이익은 주가변화와 관련을 갖게 된다.

한편, 현재의 회계정보와 주가(기업가치) 사이의 관련성에 대한 3단계의 과정[8]은 가치측정 연구에서 2단계 과정으로 축소된다.[9] 가치측정적 관점의 연구에서는 미래이익과 미래배당 사이의 통계적 상관관계가 생략되며 주가는 현재 및 미래회계정보에 의해 결정된다. 현재회계정보

---

8) Beaver(1989), 역서 정기영(1989) pp.144-146.
9) Bernard(1995), p.742.

와 미래회계정보 사이의 관계는 기본적 분석의 본질이므로 회피될 수 없다. 정보적 관점과 가치측정적 관점하의 회계정보와 기업가치의 관계를 그림으로 나타내면 〈그림 2-2〉과 같다.

[정보적 관점]

현재이익 ————▷ 미래이익 ————▷ 미래배당 ————▷ 주　가
　　　확률적 과정　　　　통계적 상관관계　　　평가모형

[가치측정적 관점]

현재회계정보 ————▷ 미래회계정보 ————▷ 기업가치
　　　확률적 과정　　　　　평가모형

〈그림 2-2〉 회계정보와 기업가치의 관계: 정보적 관점과 가치측정적 관점의 비교

회계의 역할에 대한 이러한 관점의 차이는 연구주제뿐만 아니라 연구의 설계에 영향을 미친다.[10] 회계정보의 정보내용은 사건연구(event study)법과 비정상수익률접근법(return study)을 통해 실증적으로 검증되고 있다. 회계정보와 주가반응 사이의 관계를 통해 회계정보의 유용성을 평가하는 연구에서 회계정보의 공시는 그로 인해 주가수익률의 변화를 야기하는 하나의 사건으로 다루어지며, 이때 회계수치와 주가수익률의 비기대치가 비교대상이 된다. 따라서 사건의 정확한 시점을 파악하고 투자자들의 미래이익에 대한 합리적 기대모형(expectation model)을 설정하는 것이 연구결과에 큰 영향을 미치게 된다.[11] 그러나 기존의 이론은 왜, 어떻게 이익이 수익률에 관련되는지 알려주지 못한

---

10) Beaver(1996), p.116.
11) Beaver(1968)는 기대모형에 대한 가정을 피하기 위해 비정상수익률 대신 비정상수익의 분산을 사용하고 있다.

다. 주가의 변화를 야기하지 않는 정보라 하더라도 기업가치에 영향이 없는 정보와 기업가치에 영향이 있으나 이미 주가에 반영된 정보를 구분할 수 없으며 또한 회계정보가 기업가치에 미치는 절대적 크기를 파악하는 것도 불가능하다. 주가와 회계이익 사이의 설명력이 대부분의 연구에서 10% 미만에 불과한 것도 이러한 한계에 기인한다. 무엇보다 회계정보에 기초한 기업가치평가모형이 없는 상황에서 회계정보의 정보내용에 관한 연구결과는 시장의 비효율성과 부적절한 가격결정모형 또는 양자의 결합에 의해 영향을 받게 되는 근본적인 문제점을 지닌다.

가치측정적 관점의 연구는 기업가치와 그 결정요인의 함수관계를 직접적으로 분석한다(level study). 이는 가치측정체계로서의 회계의 특성에 기초하는 것으로 순장부가치 및 이익과 같은 회계정보는 현재의 기업가치와 기업가치의 변화에 대한 정보이다. 복식부기체계 자체는 기본적으로 기업의 가치와 가치변화를 측정하는 체계이므로 회계의 산출물인 회계정보는 기업가치평가의 속성으로서 성격을 지닌다. 이러한 주장의 타당성을 입증하기 위해서는 무엇보다 회계정보와 기업가치 사이의 관계인 모형의 수립이 중요하다.

회계정보의 역할에 대한 관점의 차이는 연구과제의 차이를 가져온다. 정보적 관점의 연구는 크게 회계정보의 전략적 이용 여부에 따라 분류될 수 있다. 회계정보의 정보내용에 대한 분석을 중심으로 시장효율성·이익반응계수(earning response coefficient; ERC)·주가의 정보내용 등의 연구가 정보의 비전략적 이용에 관한 연구과제이며, 자발적 공시·회계처리방법의 선택·이익유연화(earning smoothing)·기업분석가의 행위 등은 기업의 자의적 선택행위를 고려하는 정보의 전략적 이용에 관한 연구과제이다. 가치측정적 관점의 자본시장회계연구에서는 기본적으로 기업가치를 설명하는 회계정보와 기업가치의 함수관계를 모형화하는 것과 기본적 분석(fundamental analysis)을 연구과제로 삼는다. 1960년

대 규범적인 회계연구에서는 진실한 이익(true income)을 측정할 수 있는 역사적 원가에 대한 회계대체안의 비교가 관심사인 데 비해 최근의 연구는 회계수치를 이용한 기업가치평가모형의 개발과 응용이 연구주제이다.[12] 그러나 가치측정적 관점에 의한 방법론에 따라 기존 정보적 관점하에서 진행되어온 연구과제들을 재검토할 필요는 있을 것이다.

회계정보를 이용하여 기업가치를 측정하는 연구의 필요성에도 불구하고 이 분야에 대한 연구가 미약하였던 것은 주로 모형설정의 어려움에 기인한다. 기업가치를 설명하는 변수의 누락·예측 자료의 질적 문제·평가관계의 기간적 불안전성 등이 주된 한계로 인식되어 왔다. Lev and Ohlson(1982)은 불확실하고 동적인 환경하에서 기업가치평가모형을 구축하는 것이 쉽지 않고, 효율적 시장하에서는 가치평가가 불필요(redundant)한 것으로 오해하였기 때문으로 설명하고 있다.[13]

제2절 다양한 기업가치평가모형의 비교

기업가치평가모형이란 기업가치에 영향을 미치는 변수들을 파악하고 이 변수로부터 기업가치를 산출하는 것으로, 평가속성에 따라 미래현금흐름할인모형, 미래배당할인모형, 미래이익할인모형, 주가배수모형 등으로 나눌 수 있다.[14] 평가속성은 기업가치를 계산하기 위해 할인되는 대상으로 기업가치를 결정하는 요소이다.

어느 모형이 기업가치평가모형으로 적절한지에 대한 평가는 이론적인 요구와 실증적인 요구에 모두 부합되는지에 달려 있다.[15] 우선 모형

---

12) Beaver(1996), p.116.
13) Lev and Ohlson(1982), p.305.
14) Foster(1993), 역서 p.478.

은 가치평가이론에 부합되어야 한다. 기업가치가 미래현금흐름을 할인한 것이라는 데는 논쟁의 여지가 없다. 둘째, 실제 평가모형을 적용할 때 실용적이어야 하며 다른 방법에 의할 때보다 적용 시 효율적이어야 한다. 불확실한 미래에 대한 예측의 정확성이 기업가치측정의 정확성에 영향을 미치므로 가능한 한 단기의 예측을 통해 정확한 기업가치에 접근하는 것이 가능해야 한다. 또한 기업가치를 결정하는 변수들에 대한 정보를 쉽게 입수할 수 있어야 한다. 셋째, 평가속성이 기업가치 결정요인이어야 한다. 평가속성이 기업가치에 영향을 미치는 경제·산업·기업 환경을 반영할 경우 평가속성에 대한 유용성을 주장할 수 있다.

이러한 기준에 의해 기업가치평가모형을 비교·평가하면 다음과 같다. Ohlson(1995), FO(1995)모형은 절을 달리하여 살펴본다.

1. 미래배당할인모형

미래배당할인모형에 의하면 기업가치는 미래배당의 현가에 의해 결정된다. 이 모형에 의할 경우 주식의 내재가치를 계산하는 것은 미래배당을 예측하는 정보를 발견하고 그 기대배당을 할인할 할인율 즉, 기업의 위험을 결정하는 것과 관련된다.

$$P_t = \sum_{r=1}^{\infty} \rho^{-r} E[\tilde{d}_{t+r} | Z_t]$$

단, P_t: t시점의 기업의 가치. 효율적 시장하에서 주가와 같다.

ρ: 1+할인율

Z_t: t시점에서 이용가능한 정보

---

15) Ou and Penman(1993), p.2.

배당을 평가속성으로 사용하는 데에는 이론적으로 논쟁의 여지가 없다. 투자자입장에서 기업에 대한 투자로부터의 현금흐름은 배당을 의미하므로 미래배당할인모형은 미래현금흐름할인모형을 투자자입장에서 다시 표현한 것이기 때문이다. 그러나 가격은 미래배당에 기초하지만 관찰된 배당은 가격에 대해 정보적이지 못하다.[16]

우선, MM(1961)의 배당무관련성 정리에 따르면 배당은 기업가치에 영향을 미치지 않는다.[17] 이 정리에 의할 경우 기업가치에 무관한 배당을 이용하여 기업가치를 측정하는 모순이 생기게 된다. 또한 기업가치를 결정하기 위해서는 무한정 기간동안의 예측이 필요한데 불확실한 상황에서 장기간의 예측은 예측오차를 크게 한다. 단기간의 배당과 청산배당을 통해 기업가치를 결정하더라도 청산배당의 크기는 절대적으로 클 것이며 또한 이를 관찰하는 것은 거의 불가능하다. 청산배당의 예측은 계속기업공준에도 합치되지 않는다. 더욱이 미래배당을 예측하는 데 이용된 정보와 무한시점까지의 미래배당 사이의 사전적인 관계가 실제 사후배당에 실현되지 않는다.[18] 이는 배당이 기업의 자의적이고 임의적인 의사결정 사항이기 때문이다. 즉, 배당은 부의 창조가 아니라 부의 분배와 관련된 변수라는 것이다.

2. 미래현금흐름할인모형

미래현금흐름할인모형에서는 주된 회계정보라 할 수 있는 이익을 해체(undo)하는 과정을 통해 계산된 현금흐름을 평가속성으로 한다. 이

---

16) 미래배당의 할인에 의해 기업가치가 결정되지만 이는 배당의 가치무관련성과 상충된다(배당수수께끼(dividend connundrum)).
17) M. H. Miller and F. Modigliani(1961), pp.481-513.
18) 이익에 대해 일정배당성향을 가정함으로써 배당을 이익으로 대체하는 연구는 배당을 조정(rescaling)한 것에 불과하다.

모형에 대한 지지는 회계수치에 대한 불신에서 비롯되며 현금흐름이 실질(real)이고 회계이익은 조작(artifact)이라는 사고에 기초하고 있다. 발생주의원칙과 다양한 회계처리방법이 불신의 주요원인이다.

실증적인 관점에서 일반적으로 현금흐름은 기업의 활동을 영업·재무·투자 활동으로 구분하고 각 활동으로부터의 현금흐름 간의 관계를 보여주는 현금보존등식(cash conservation equation)으로부터 도출되며 그 결과 자유현금흐름(free cashflow)이 배당을 대신하여 평가속성이 된다.[19] 다음 식에서 볼 수 있듯이 모든 시점에 차입금이 없는 것으로 가정하면 자유현금흐름(C-I)을 할인하여 기업가치를 얻을 수 있다.

현금보존등식: $C_t + BW_t = d_t + I_t$

  단, C: 영업활동으로부터의 현금흐름

  　BW: 차입현금, I: 현금투자

  　d: 납입자본(capital contribution)을 상계한 순배당

$$P_t = \sum_{r=1}^{\infty} \rho^{-r} E[\tilde{C_r} - \tilde{I} | Z_t]$$

  단, ρ: 1+할인율

  　Z_t: t시점에서 이용가능한 정보

그러나 이때의 자유현금흐름은 차입이 주어져 있을 때 투자를 고려한 후 기업이 지불할 수 있는 최대의 배당으로 배당을 평가속성으로 사용하는 경우와 크게 다르지 않다. 무한대의 예측이 필요하며 t+r에 실현된 현금흐름은 t에 예측된 현금흐름을 반영할 뿐만 아니라 t와 t+r 사이에 이루어진 투자로부터의 현금흐름을 반영하므로 사후적으로 이

---

19) Ou and Penman(1993), p.6.

를 구분하는 것이 불가능하다. 또한 회계는 가치측정시스템의 특징을 지니고 있으므로 이익을 해체하여 현금흐름을 계산하는 것은 타당하지 않다는 주장에 의하면 이 모형의 설득력이 약하다.[20]

3. 미래이익할인 모형

Litzenberger and Rao(1971)의 모형은 개별기업의 위험요소를 포함하여 불확실성하로 미래이익할인모형을 확장한 경우이다. 이 모형은 정상수익을 평가하기 위한 CAPM과 기대이익의 성장성을 고려한 MM모형을 결합한 것이다. 그들은 기업가치평가모형을 유도하고 이에 기초해 실증분석을 위해서 다음과 같은 모형을 유도하였다.

$$P_i = \frac{\overline{E_i} - b \cdot r_{im} \cdot S_{ei}}{R_f} + [\frac{\triangle B_i(\pi_i - R_i)}{R_i(1 + R_i)}]T$$

단, P_i: 개별주식의 시가, $\overline{E_i}$: 개별주식에 대한 기대이익

　　b: 수익률의 분산불가능한 표준편차 1단위당 한계요구수익률

　　S_{ei}: 개별수익률의 표준편차, R_f: 무위험수익률

　　r_{im}: 시장포트포리오수익률과 개별 수익률 간의 상관관계

　　$\triangle B$: 주주지분의 장부가치의 변화, π: 새로운 투자의 기대수익률

　　R: 투자의 기대수익률, T: 새로운 투자로부터 초과수익률을 얻을 기간

---

20) Penman(1992)에 의하면 회계이익은 회계등식으로부터 자유현금흐름과 자유현금흐름에 대한 수정항목인 발생항목으로 구성된다. 이러한 회계등식은 이익이 자유현금흐름을 가치측정치로 수정한 것임을 나타낸다.
회계이익＝(△현금－자본납입(capital contributions)＋배당－순차입)＋△매출채권
　　　　＋△재고＋△시설 및 설비＋△기타 자산

배당, 자유현금흐름과 달리 미래이익을 평가속성으로 하는 기업가치평가모형은 가치평가모형에 대한 실증적 요구에 부합된다. 그러나 이 모형은 이론적 개념적 기반의 결여가 문제가 되고 있다. 불확실성·성장변수의 도입 등에 사용된 ad-hoc절차의 사용에 대한 논리적 설명이 충분하지 않다.

4. 승수모형(multiples model)

주가이익비율(price-earning ratio; PER), 주가장부가치비율(price-book value ratio; PBR)은 회계정보를 이용하여 기업가치를 평가한다는 점에 의의가 있다. 회계가 제공하는 정보가 다양함에도 불구하고 이익과 순장부가치에 대해 관심이 집중된 것은 회계의 정보의 집합(aggregation)속성에 기인한다. 회계절차는 많은 양의 정보를 가치측정치라 할 수 있는 요약수치로 집합한다. 주된 요약수치는 대차대조표와 손익계산서에 의해 제공되는 기본적인 회계정보인 순장부가치와 이익이다.

회계시스템에 의해 제공되는 현재회계이익이 모든 미래기대이익을 대표하는 가치로서 의미를 지닌다면 회계이익과 기업가치(주가) 사이에는 다음의 관계가 성립된다.[21] 현재이익이 가치충분(value-sufficient)한 경우 배당전주가[22]와 이익의 비는 PER를 의미하며, 그 차이는 할인율 즉, 기업의 위험의 차이에 기인한다.[23]

---

21) Penman(1992), Ohlson(1986).
22) 이 모형에 의할 경우 배당 후 주가를 사용하는 연구는 배당 전 주가로 수정되어야 한다.
23) 가치충분하다는 것은 회계이익만으로 기업가치를 측정하는 것이 가능함을 가리키는데 회계이익이 가치충분하기 위한 가정은 미래의 이익흐름이 일정하게 창출되고, 개별기업 간의 위험의 차이는 주가 결정과 무관한 변수이거나 위험조정할인율에 모두 반영된다는 것이다.

〈순이익모형〉

$$P_t + d_t = \emptyset X_t$$

단, $P_t + d_t$: 배당이 없을 경우 t시점의 주가

X_t: t시점의 회계이익

$\emptyset = \rho/(\rho - 1)$

ρ: 1 + 할인율

기존 PER에 대한 실증연구는 PER의 평균회귀를 이용한 투자분석과 PER의 차이를 설명하는 요인에 관한 연구로 진행되어 왔다. 이중 전자는 PER효과의 존재여부에 관한 연구와 관련되어 있다. 시장의 기업특성적 이례현상(anomalies)으로서 PER효과가 주로 기업규모효과의 대리역할(proxy)에 불과한지가 주된 관심이었다.[24] 한편, Beaver and Morse(1978)는 배당지급율·체계적 위험·회계이익성장률·재고자산처리방법의 차이 등을 이용하여 횡단면적으로 PER의 차이를 분석한 결과 회계처리방법상의 차이만이 PER의 횡단면적 차이를 설명하는 것으로 나타났다. 이러한 결과는 회계처리방법을 조정한 후 PER의 안정성이 높아진다는 연구결과에 의해서 지지된다.[25] 이러한 실증결과에 의하면 PER의 차이는 위험의 차이에 의하지 않으며 현재이익은 미래기대이익을 대표하지 못한다. 오히려 PER효과는 회계처리방법상의 차이를 고려하지 않았기 때문에 나타나는 현상에 불과하다.

---

24) Reinganum(1981), Cook and Rozeff(1984), Basu(1983)의 연구는 규모효과와 PER효과의 관계를 실증을 통해 분석하고 있다.

25) 특정변수가 기업가치평가의 평가속성으로 안정적인가 하는 것은 다음과 같이 평가된다.(Black 1980) 가령 PBR이 PER에 비해 표준화된 hinge spread가 작다면 순장부가가 회계이익에 비해 기업가치평가 시 더 안정성이 높으며 기업가치평가에 더 적절함을 의미한다.

표준화된 hinge spread = (제3분위수 − 제1분위수)/(중위수)

한편, 순장부가치가 가치충분한 경우 기업가치는 순장부가치와 같다.

〈순장부가치모형〉

$$P_t = BV_t$$

단, BV_t: t시점의 순장부가치

그러나 회계에 의한 기업가치인 순장부가치가 시장에서 인식되는 시장가치와 같아지는 완전회계(perfect accounting)의 경우가 현실적으로 나타나는 것은 거의 불가능하다. 회계는 가정과 많은 회계원칙에 의해 불완전해진다. 가령 화폐안정의 공준 또는 발생주의 원칙 등은 순장부가치를 가치충분하지 않도록 한다. 실제로 기업은 할증 또는 할인되어 평가되고 매매되는 것이 일반적이다. 이때 시장가치와 순장부가치의 차이는 영업권(unrecorded goodwill)이며 이는 아직 기록되지 않은 기대미래이익에 의해 설명된다.

제3절 Ohlson(1995), Feltham and Ohlson(1995) 모형의 이해

1. 모형의 이해

1) 기본기업가치평가모형

Feltham and Ohlson(1995)에서 사용된 변수·정의·가정은 다음과 같다.

bv: 주주지분의 순장부가치

x: (t-1, t)기 이익

d: 자본납입(capital contribution)을 상계한 순배당. 배당은
기말 현금배당만 허용된다.

fa: 재무부채를 상계한 순재무자산

i: (t-1, t)기 이자비용을 상계한 순이자수익

oa: 영업부채를 상계한 순영업자산

ox: (t-1, t)기 영업이익

c: 영업활동에 투자를 상계한 영업활동으로부터 실현된
순현금흐름

P: 주주지분의 시장가치

R_F: 무위험이자율＋1

순장부가치는 순재무자산과 순영업자산의 합이며 이익은 순이자수익과 영업이익의 합이다. 정상이익의 크기는 기초의 순장부가치를 기준으로 결정되며 비정상이익은 영업활동에서만 발생하므로 비정상영업이익과 같다.

$$bv_t = fa_t + oa_t$$

$$x_t = i_t + ox_t$$

비정상이익: $x_t^a = x_t - (R_F - 1)bv_{t-1}$

정상이익: $(R_F - 1)bv_{t-1}$

비정상영업이익 $ox_t^a = ox_t - (R_F - 1)oa_{t-1}$

Feltham and Ohlson(1995)의 주가평가모형은 기본적인 주가평가모형 (present value of expected dividend; PVED)에 대한 가정에 덧붙여 기

본적인 회계관계에 대한 가정에 기초하고 있다. 주가는 미래기대배당의 현가에 의해 결정되며 논의의 단순화를 위해 투자자들에 대해서는 동질적인 믿음(homogeneous beliefs)과 위험중립성(risk neutrality)를 가정하고 이자율에 대해서는 비확률적이고 평평한 기간구조(non-stochastic and flat term structure)를 가정한다. 기본적인 회계관계에 대한 가정은 순수잉여관계(clean surplus relation; CSR), 순이자관계(net interest relation; NIR), 순재무자산관계(financial assets relation; FAR), 순영업자산관계(operating asset relation; OAR)로 구성된다.

[미래배당할인모형] $\quad P_t = \sum_{\tau=1}^{\infty} R_F^{-\tau} E_t[\tilde{d_{t+\tau}}]$

[순수잉여관계] $\quad bv_t = bv_{t-1} + x_t - d_t$

$$\partial bv_t / \partial d_t = -1$$

$$\partial x_t / \partial d_t = o$$

[순이자관계] $\quad \begin{aligned} i_t &= (R_F - 1)fa_{t-1} \\ R_F &= 1 + rf \end{aligned}$

[순재무자산관계] $\quad fa_t = fa_{t-1} + i_t - (d_t - c_t)$

[순영업자산관계] $\quad oa_t = oa_{t-1} + ox_t - c_t$

순수잉여관계는 배당이 순장부가치로부터 지급되며 이익에는 영향을 미치지 않음을 의미한다. 순이자관계는 순재무자산에 대한 확실성하의 0 순현가투자수익(0 net prsent value economic return)을 의미하는 것으로, 이에 따라 재무자산에 대한 순장부가치와 시장가치는 모든 시점에서 일치한다. 순영업관계에 따르면 현금은 기말에 재무자산에 이전되며 현금흐름은 영업자산에 대한 회계처리에 독립적이다. 즉, 순이자관계와 순재무자산관계에 따라 현금은 시장가치로 기록되는데 이러한 현금

개념은 자유현금흐름(free cash flow)개념과 동일하다.

Feltham and Ohlson(1995)에서는 위의 가정들을 이용하여 세 가지의 가치평가의 기본모형을 유도하고 있다. Feltham and Ohlson(1995)은 영업자산에 대한 보수주의회계를 고려하기 위해 추가적인 변수와 가정을 사용하여 모형 1, 모형 2, 모형 3을 유도한 반면, Ohlson(1995)는 기업가치평가모형에 순수잉여관계만을 가정하고 관련변수만을 사용하여 모형 2를 유도하였다.

[모형 1] PVR, NIR, FAR, regularity condition($R_F^{-r}E_t[\tilde{fa}_{t+r}]\rightarrow 0$ as $r\rightarrow\infty$)하에서 $P_t = fa_t + \sum_{r=1}^{\infty} R_F^{-r}E_t[\tilde{c}_{t+r}]$

[모형 2] PVR, CSR, x_t^a, regularity condition($R_F^{-r}E_t[\tilde{bv}_{t+r}]\rightarrow 0$ as $r\rightarrow\infty$)하에서 $P_t = bv_t + \sum_{r=1}^{\infty} R_F^{-r}E_t[\tilde{x}_{t+r}^a]$

[모형 3] PVR, OAR, ox_t^a, regularity condition($R_F^{-r}E_t[\tilde{oa}_{t+r}]\rightarrow 0$ as $r\rightarrow\infty$)하에서 $P_t = bv_t + \sum_{r=1}^{\infty} R_F^{-r}E_t[\tilde{ox}_{t+r}^a]$

모형 1은 재무관리에서의 가치에 대한 접근이다. 현금흐름은 영업으로부터 얻은 자원의 경제적 가치를 표시하며 이는 영업활동에 대한 회계측정과 독립적이다. 모형 2는 회계수치에 기초한 방법으로 영업권의 차이 즉, 시가와 순장부가치의 차이는 순수잉여관계를 만족하는 모든 회계원칙에 대해 일치한다. 모형 2와 달리 모형 3에서 기업가치측정에는 순자산을 영업자산과 재무자산으로 구분하는 견고한 회계구조가 요구된다.

2) Ohlson(1995)의 선형기업가치평가모형

선형모형을 유도하는 데 사용된 가정은 기본모형을 유도하는 데 사용된 가정과 가치관련 정보에 대해 다음과 같은 선형마코비안구조(linear, markovian structure)를 갖는 선형정보과정(linear information model; LIM)가정이다. 이 가정에 따라 기대비정상이익은 과거의 비정상이익과 일정한 관계를 유지하며 비정상이익은 기간의 경과와 함께 소멸되는 양상을 보이게 된다. 불편회계하에서는 기간의 경과에 따라 비정상이익이 소멸되므로 이러한 가정하에 유도되는 선형기업가치평가모형은 불편회계하의 모형이다.

[선형정보가정: LIM]

$$x^a_{t+1} = wx^a_t + v_t + \tilde{\varepsilon}_{1t+1}$$

$$\tilde{v}_{t+1} = \gamma v_t + \tilde{\varepsilon}_{2t+1}$$

$$제약: E_t[\varepsilon_{kt+\tau}] = 0, \quad k=1,\ 2 \ \text{and} \ \tau \geq 1$$

$$0 \leq w,\ \gamma \leq 1$$

이제 기업가치는 현재의 순장부가치, 비정상영업이익, 기타 정보의 선형결합 또는 앞서 살펴 본 이익모형과 순장부가치모형의 가중합과 기타 정보에 의해 표현된다.

[선형기업가치평가모형]

$$P_t = bv_t + \alpha_1 x^a_t + \beta v_t$$

$$단, \quad \alpha_1 = \frac{w}{R_F - w_{11}}$$

$$\beta = \frac{R_F}{(R_F - w)(R_F - \gamma)}$$

또는

$$P_t = k(\emptyset x_t - d_t) + (1 - k)bv_t + \beta v_t$$

$$\text{단, } \quad \emptyset = R_F/(R_F - 1)$$

$$k = w(R_F - 1)/(R_F - w)$$

3) Feltham and Ohlson(1995)의 선형기업가치평가모형

선형모형을 유도하는 데 사용된 가정은 기본모형을 유도하는 데 사용된 가정과 가치관련 정보에 대해 다음과 같은 선형마코비안구조 (linear, markovian structure)를 갖는 선형정보과정(linear information model; LIM)가정이다. Ohlson(1995)의 선형정보과정과의 주된 차이는 비정상영업이익의 시계열에 순영업자산이 영향을 미친다는 것과 순영업자산의 성장을 고려하고 있는 점이다.

[선형정보가정: LIM]

$$ox_{t+1}^a = w_{11}ox_t^a + w_{12}oa_t + v_{1t} + \tilde{\varepsilon}_{1t+1}$$

$$\tilde{oa}_{t+1} = w_{22}oa_t + v_{2t} + \tilde{\varepsilon}_{2t+1}$$

$$\tilde{v}_{1t+1} = \gamma_1 v_{1t} + \tilde{\varepsilon}_{3t+1}$$

$$\tilde{v}_{2t+1} = \gamma_2 v_{2t} + \tilde{\varepsilon}_{4t+1}$$

$$\text{단, } E_t[\tilde{\varepsilon}_{jt+r}] = 0, j = 1, \cdots, 4 \text{ all t and r} > 0$$

$$|\gamma_h| < 1, h = 1, 2$$

$$0 \leq w_{11} \leq 1, \quad 0 \leq w_{22} \leq R_F, \quad w_{12} \geq 0$$

비정상영업이익과 영업자산에 관련된 정보과정의 특성으로 비정상이익의 지속성(w_{11}), 영업자산의 성장성(즉, 영업이익의 성장성 w_{22}), 영업자산에 대한 회계의 보수주의(w_{12})를 고려하고 있다.

이제 기업가치는 현재의 순장부가치, 비정상영업이익, 순영업자산, 기타 정보의 선형결합으로 결정되거나 또는 앞서 살펴 본 이익모형과 순장부가치모형의 가중합과 순영업자산, 기타 정보로 표현된다.

[선형기업가치평가모형]

$$P_t = bv_t + a_1 ox_t^a + a_2 oa_t + \beta v_t$$

단, $\quad a_1 = \dfrac{w_{11}}{R_F - w_{11}}$

$$a_2 = w_{12} \dfrac{R_F}{(R_f - w_{22})(R_f - w_{11})}$$

$$\beta = (\beta_1, \beta_2) = \left[\dfrac{R_F}{(R_F - w_{11)(R_F} - \gamma_1)} , \dfrac{a_2}{R_F - \gamma_2} \right]$$

또는

$$P_t = k(\emptyset x_t - d_t) + (1 - k)bv_t + a_2 oa_t + \beta v_t$$

$$P_t = k \emptyset x_t + (1 - k)bv_t + a_2 oa_t - kd_t + \beta v_t$$

$$P_t = fa_t + k_1(\emptyset ox_t - c_t) + k_2 oa_t + \beta v_t$$

단, $\quad k_1 = k \geq 0, k_2 = 1 - k + a_2 > 0,$ and $k_1 + k_2 > 1$

$$\emptyset = R_F / (R_F - 1)$$

$$k = w_{11}(R_F - 1)/(R_F - w_{11})$$

한편, 불편회계와 보수주의회계는 시장가치와 순장부가치가 평균적으로 차이가 나는지에 따른 구분이다. 여기서 '보수주의적'이란 순영업자산의 장부가치가 장기적(평균적)으로 영업활동에서 예상되는 미래현금흐름의 현가보다 작은 것을 의미한다.

불편회계: 배당정책과 t일 정보에도 불구하고, if $E_t[\tilde{g_{t+r}}] \rightarrow 0$ as r->∞

보수주의회계: 배당정책과 t일 정보에도 불구하고, if $E_t[\tilde{g_{t+r}}] \rangle 0$ as r->∞

단, $\tilde{g_{t+r}}$: 기업의 시장가치와 순장부가치의 차이(미기록영업권)

불편회계와 보수주의회계하에서 각각 평균적으로 기대미래비정상이익(영업이익)의 현가는 다음과 같다. 불편회계에 의해 평균적으로 기대비정상영업이익의 현재가치는 0과 같아지며 반면 보수주의회계에서는 이 값이 0보다 크다.[26) 미기록영업권(unrecorded goodwill)은 영업자산으로부터 발생한다.

$$\text{불편회계} \Leftrightarrow E_t[\sum_{r=1}^{\infty} R_F^{-r} E_{t+T}[ox_{t+T+r}^a]] \rightarrow 0 \quad as \quad T \rightarrow \infty$$

$$\text{보수주의회계} \Leftrightarrow E_t[\sum_{r=1}^{\infty} R_F^{-r} E_{t+T}[ox_{t+T+r}^a]] > 0 \quad as \quad T \rightarrow \infty$$

---

26) 한편, 불편회계라면 장기적으로 순장부가와 기업의 시장가치가 같아짐을 의미하므로 언제 회계가 불편해지는지가 문제가 된다. τ시점 불편회계는 미래 $t+\tau$시점에서 순장부가치가 시장가치와 같아짐을 의미하며 이러한 정의를 사용하면 어느 회계시스템이 더 빨리 불편하게 되는지 비교할 수 있다. 시장가치보다 순장부가가 높게 기록되는 경우는 자유주의회계(공격적 회계)이다.
τ시점 불편회계 if $E_t(P_{t+\tau} - y_{t+\tau}) = 0$.

2. 모형의 검토

1) 모형의 의의

Ohlson(1995), Feltham and Ohlson(1995)은 미래배당할인모형에 회계구조에 대한 기본가정을 추가하여 평가속성으로 회계정보를 이용하는 모형을 유도하였다. 회계정보평가모형으로서 그들의 모형은 다른 기업가치평가모형에 비해 다음과 같은 특징을 지니고 있다.

첫째, 기업가치평가모형으로서 이론적·개념적 타당성을 지닌다. 순수잉여관계에 의하면 투자자입장에서 현금흐름인 배당은 이익크기에 영향을 미치지 않으며 순장부가치로부터 지급되는데 이는 회계의 기본구조와 일치한다. 순수잉여관계 가정에서 도출된 가치평가모형은 MM의 배당무관련성 정리를 만족한다.

둘째, 현금흐름을 얻기 위해 회계정보를 해체(undo)하는 대신 회계수치를 직접 사용하며 회계정보를 기업가치 결정요소로 고려한다. 회계정보에 기초한 기업가치평가모형은 기대미래현금흐름 대신 이익을 통한 기대미래순장부가치의 성장에 기초하여 가치를 평가한다. 미래이익할인모형이 이익만을 평가속성으로 사용하는 데 반해 회계정보에 기초한 기업가치평가모형은 주된 기업가치 결정변수로 이익과 순장부가치를 사용하고 있다.

셋째, 회계수치평가모형은 회계측정의 속성에 의존한다. 주된 회계정보는 발생주의원칙에 따라 인식되는 기업가치(순장부가치)와 기업가치의 변화(이익)로 회계는 명목적 가치측정체계이다. 회계정보는 미래배당과 관계가 있으며 회계는 배당과 무관한 부가가치를 계산하는 틀이다. 배당 등 이익의 처분은 이익의 계산에 영향을 미치지 않는다.

넷째, 기대가치가 우선 합산되고 나서 자본화되는 이익의 합산속성

(aggregation property of accounting)을 지니며 무한정의 기간에 대한 회계정보를 필요로 하지 않는다. 배당(현금)과 달리 한정된 기간동안의 이익이 합산되므로 시점에 대해서는 걱정할 필요가 없다.

다섯째, 기업 간 회계처리방법의 차이 또는 자의적인 회계처리에도 불구하고 기업가치평가 시 기본모형은 유지된다. 보수적 회계처리 또는 자의적인 회계처리는 회계이익의 기간 간 조정에 영향을 미치는 것으로 전체 이익크기는 장기적으로 동일한 것이다. 이익의 합산속성에 의하면 이익을 언제 보고하는지는 기업가치에 영향을 미치지 않는다. 보고이익의 기간 간 배분은 순장부가치의 변동을 가져오지만 이는 정확히 기대미래비정상이익의 현가에 동일한 반대의 영향을 미치기 때문이다. 순장부가치와 이익을 함께 가치결정변수로 이용하는 한 회계원칙의 차이는 이론적으로 무의미하다.

여섯째, 투자자들이 실제로 회계정보를 사용하지 않더라도 모형은 사전적으로 수용되므로 기본모형은 회계정보가 투자자에 의해 사용되는 정보의 일부가 아니라도 유지된다. 미래이익의 흐름을 예측하는데 반드시 회계정보에 기초할 필요는 없다. 그러나 기본모형과 달리 선형모형은 과거의 회계정보가 현재 투자자정보를 나타내는 데 충분하다는 가정에 기초하고 있다. 기업가치를 측정하는 데 필요한 변수들이 자동회귀과정(autoregressive process)을 따르게 되면 현재의 회계정보와 기타정보만으로 기업가치를 평가하는 것이 가능해진다.

2) 보수주의회계에 대한 검토

(1) 회계시스템의 견고성

모형에 의하면 발생주의회계와 기대미래비정상이익의 할인은 현금흐름회계보다 더 광범위한 틀을 제공한다. 현금회계에 적용되는 현금주의 평가모형은 모든 시점에서 영업자산이 없는 발생주의평가모형의 특수한 경우에 해당된다.

Ohlson(1995)모형에서와 달리 FO(1995)모형에서는 자산을 재무자산과 영업자산으로 구분하는 견고한 회계구조를 요한다.[27) 재무자산은 완전시장(perfect market)이 존재하지만 영업활동에 사용되는 자산들은 전형적으로 완전시장에서 개별적으로 거래되지 않으므로 영업활동에 대해서는 장부가가 시장가치와 같도록 하는 완전회계가 불가능하다.

(2) 불편회계와 보수주의회계의 비교

자산이 거래되는 시장의 특성과 회계의 가정·원칙 등의 차이로 인해 모든 자산에 대해 장부가치가 시장가치와 일치하도록 하는 회계가 이루어지기 어렵다. 불편회계(unbiased accounting)와 보수주의회계(conservative accounting)는 시장가치와 순장부가치가 장기적으로 차이가 나는지에 따른 구분으로 여기서 '보수주의적'이란 순영업자산의 장부가치가 장기적(평균적)으로 영업활동에서 예상되는 미래현금흐름의 현가보다 작아지는 것을 의미한다. 불편회계에 의해 평균적으로 기대비정상영업이익의 현재가치가 0과 같아지는 반면 보수주의회계에서는 이 값이 0보다 커지게 된다. 즉, 보수주의회계는 미기록영업권이 지속적으로 나타나는 회계이다.

선형모형의 유도를 위해 Feltham and Ohlson(1995)에서는 비정상이익의 시계열에 영업자산과 영업자산의 성장을 추가로 고려하고 있다. 비정상이익(비정상영업이익)의 시계열과정에 영업자산의 영향은 회계처리 시 영업자산에 대한 과소기록분에 대한 수정을 의미한다. 영업자

---

27) 순영업자산에는 영업목적으로 보유한 현금, 매출채권, 재고, 선급비용, 토지, 감가상각비를 상계한 공장 및 설비, 매입채무와 발생임금 등의 영업부채 등이 해당된다.

산에 대한 보수주의회계는 정상이익의 크기를 작게 하며 이는 미래 비정상이익을 크게 보이도록 한다. 이 경우 비정상영업이익의 크기는 영업자산의 과소기록 정도에 영향을 받게 되므로 영업자산의 계수는 곧 보수주의회계의 보수성 정도를 의미하게 된다.

한편, 보수주의회계·불편회계는 어느 것도 서로에 대해 파레토우월(pareto-superior)하지 않으며, MM성질이 있건 없건 간에 파레토 우월순위(pareto ranking)를 따질 수 없다. 이는 경제에서 정보에 대한 수요의 고려가 없기 때문으로 동질적인 투자자들은 무재정거래(no-arbitrage) 균형조건하에서 기업가치를 평가하게 되므로 기간 간 소비에 대한 선호 위험에 대한 태도, 신념 등이 다르지 않다. 더욱이 기본모형하에서 보수주의회계는 더 큰 미래 비정상이익에 의해 정확히 상쇄되므로 양자의 우월을 비교할 수는 없다.[28]

(3) 기업가치평가에 미치는 영향

기업가치가 현재순장부가치와 기대미래비정상이익의 합으로 결정되는 기본모형에서 보수주의회계는 미래이익의 예측기간에 영향을 미친다. 자산의 장부기록이 시가에 의해 이루어지고 매시점 평가가 된다면 현재 기업가치를 계산하기 위해 무한대의 미래 비정상이익을 예측할 필요는 없다. 불편회계의 경우에는 순장부가치가 시장가치와 장기적으로(평균적으로) 일치하기 때문에 일정한 기간동안의 이익예측으로 족하다. 순장부가치를 기초로 예상(project)되는 미래정상이익을 초과하는 이익은 미래에 무한정 계속되지 않을 것이며 기업 간의 경쟁을 통해 단기간에 해소될 것이기 때문이다. 반면, 보수주의회계의 경우에는 순장부가치가 시장가치와 장기적으로(평균적으로) 일치하지 않고 순장부가

---

28) Lundholm(1995)

치는 무한정 과소기록된다. 크게 보이는 미래 비정상이익은 따라서 무한정 계속되며 이익의 예측에도 무한정의 기간이 필요하게 된다.[29]

(4) 기업가치결정변수

순장부가치를 초과하는 기업가치분 즉, 미기록영업권(unrecorded goodwill)은 양의 투자기회가 존재하기 때문에 발생하며 이는 경쟁의 심화로 인해 단기간에 소멸된다. 그러나 어느 특정시점에서 영업권이 존재하더라도 미래에 소멸되지 않는 경우가 있는데 경영 또는 전략상 기업고유의 요인 등이 그 원인일 수 있다. 그러나 보수주의회계 여부는 기본모형의 형태에 영향을 미치지 않는다. 영업자산에 대한 과소기록이 미래기대정상이익을 작게 하여 미래기대비정상이익을 크게 보이게 하지만(look profitible) 그 효과는 모형에서 정확히 상쇄되기 때문이다.

한편, 선형모형에서 보수주의회계는 기업가치결정에 추가적인 결정변수로 고려된다. Ohlson(1995)선형모형과 달리 FO(1995)선형모형은 순영업자산이 이익과 순장부가치외에 추가변수로 고려된다. 이는 비정상영업이익이 보수주의회계의 대상인 순영업자산에 의해 영향을 받기 때문이다. 정상이익의 크기는 기초의 장부가에 의해 결정되는데 장부가에 대한 보수적인 회계처리는 비정상이익의 크기에 영향을 미치게 된다. 영업자산에 대해 보수주의회계가 없는 경우 즉, 모든 자산에 대해 불편회계를 고려하고 있는 Ohlson(1995)의 선형모형은 FO(1995)선형모형의 특수한 경우를 다루고 있다.

---

29) 김권중(1997)은 보수주의회계로 인해 미래초과이익이 무한정 나타나게 되어 미래 초과이익의 예측이 어려워지게 되고 주식가치 평가의 오차가 커질 것으로 보았다.

제3장 회계정보를 이용한 기업가치평가모형에 기초한 실증연구의 검토

FO모형이 1995년에 처음 소개된 이후 미국 회계학계에서는 이 모형을 이용한 다양한 연구가 왕성하게 이루어지고 있다.[30] 최초의 연구들은 FO모형을 소개하고, FO모형이 어떻게 회계학 연구에 적용 가능한가를 설명하는 데 초점을 맞추었다. Bernard(1995)와 Lundholm(1995)의 연구를 그 예로 들 수 있다. 그 뒤를 이어서 FO모형의 우수성을 실증적으로 보여주는 여러 연구들이 시도되었다. Penman and Sougiannis(1998), Francis et al.(1998)의 연구가 그 대표적인 예들이다. 비록 이러한 연구들이 이제 막 발표되었거나, 혹은 아직도 발표를 위한 검토(review) 및 수정(revision) 단계에 있지만, 실제로 이러한 연구가 시작된 것은 매우 오래전부터이다.[31]

이러한 연구들과는 별도로, FO모형을 다른 주제에 이용한 연구들이 현재 왕성하게 진행 중에 있다. 구체적으로, 이러한 연구들은 FO모형을 실제로 사용한 연구와 FO모형의 단순화된 형태를 이용한 연구 두 가지로 구분할 수 있다. 이러한 연구들이 FO모형의 우수성을 실증한 연구들보다

---

30) 최초의 working paper는 1992년에 이미 소개되었으며, 이 논문이 출판되기까지에는 1993년부터 1995년까지의 3년간의 검토 및 수정 과정이 소요되었다.

31) 예를 들어 Penman and Sougiannis(1998)의 연구는 1993년부터 시작되어 1996년에 논문이 완성되었다고 한다. 그러나 그 후에도 출판을 위한 검토 및 수정 과정에 다시 3년의 기간이 소요되었다. 이렇게 오랜 시간이 소요된 이유는 실제 FO모형을 이용하여 기업의 내재가치를 계산하고, 다른 모형을 통하여 계산된 내재가치와 비교하는 과정이 복잡하여 많은 시간이 필요했기도 하지만, 많은 연구자들이 그 당시만 하더라도 FO모형을 이해하지 못하였거나, 배당할인모형이 개념적으로 뿐만 아니라 실증적으로도 우수할 것이라는 가정하에 FO모형의 우수성을 보여준 연구들을 세밀히 검토, 비판하였기 때문이기도 하다.

늦게 시작되었으면서도 더 일찍 발표되기 시작한 이유는 아마 FO모형의 우수성을 실증한 연구들보다 상대적으로 논문의 검토 및 수정 단계에서 시간이 덜 소비되었기 때문일 것이다. 이 논문들은 FO모형을 연구 방법론으로 사용하였을 뿐, FO모형이 다른 모형에 비하여 우수하다는 주장을 담고 있지 않았기 때문에 상대적으로 반론을 적게 받았던 것이다.

현재 가장 왕성하게 여러 연구들이 진행되고 있는 분야는 FO모형의 단순화 형태를 이용하는 분야이다. 이 모형을 이용할 경우에는 FO모형의 복잡한 계산과정을 거쳐 기업의 내재가치를 계산할 필요가 없이 단순히 주당 순이익이나 주당 장부가치 등의 변수들을 이용하여 주당주가와 회귀분석을 실시하기 때문에 실증 분석 과정이 매우 간단하다. 정보적 접근방법에서 널리 사용되는 비기대이익을 비정상수익률과 회귀분석하는 방법론과 비교하여 보더라도, FO모형의 단순화 형태를 이용하면 비정상수익률과 비기대이익을 계산할 필요가 없기 때문에 실증분석 절차가 매우 단순해진다.

제1절 평가모형의 비교 연구

1) Bernard(1995)의 연구

Bernard는 이 논문을 통하여 (1) FO모형이 회계학 연구의 발전단계 중 역사적으로 차지하는 위치, (2) 모형의 특징, (3) 모형의 개념적인 우수성, 그리고 (4) 모형의 장점, 단점, 유용성 등에 대해서 자세히 설명하고 있다. 이외에도 Bernard는 실증적 측면에서 FO모형과 배당할인 모형 중에 어느 것이 더 현재주가를 잘 설명하는지를 회귀분석을 통하여 실증하였다. 분석에 사용된 자료는 1978-1993년까지의 Value Line 이익 및 배당금 예측자료이다. 제시된 실증분석의 결과에서 괄호 밖의 수치는 회귀분석을 통하여 계산된 계수(coefficient)이며, 괄호 안의 수치는 t값이다. T는 분석에 사용된 자료의 기간이다.

FO모형의 경우 1년치(t=3.25)와 4년치(t=2.83) 자료를 사용하였을 때, 미래이익과 현행주가와의 관계가 통계적으로 유의하며 장부가치도 주가에 유의적인 영향을 미치고 있다. 그러나 배당할인모형의 경우에는 4년치(t=3.23)자료를 사용하였을 경우에만 배당금과 주가와의 관계가 통계적으로 유의하였다. 설명력을 비교해 보면, FO모형이 68%인 데 반해 배당할인 모형은 29%에 불과하여 FO모형의 우수성이 더욱 두드러진다. 다른 여러 연구에 있어서도 평균적으로 FO모형은 배당할인모형에 비하여 두 배 이상의 우수한 설명력을 보여주고 있다.

〈Bernard(1995)의 실증분석 결과〉

	현행 장부가치	비기대이익(기대 배당금)			평균 설명력(R^2)
		T=1	T=2	T=4	
FO모형	1.04 (5.40)	3.18 (3.25)	1.58 (1.26)	6.15 (2.83)	0.68
배당할인모형		0.58 (0.11)	-3.64 (-0.45)	20.67 (3.23)	0.29

2) Collins and Den Adel(1996)의 연구

다음에 설명하는 Penman and Sougiannis(1998)가 포트폴리오를 기준으로 여러 모델의 가치평가 오차를 비교한 데 반하여 Collins and Den Adel은 개별 기업들의 자료를 대상으로 하여 FO모형과 배당평가모형을 비교하였다. 구체적으로 분석에 사용된 회귀분석 방정식은 다음과 같다.

52

$$P_t = \alpha_0 + \alpha_1 \, P_t^e + \alpha_2 \, P_t^d + \alpha_3 \, R_{t,\,T} + e$$

위 식에서 P_t는 특정시점 t의 주식가격, P_t^e는 FO모형을 사용하여 계산한 주식의 내재가치, P_t^d는 배당평가모형을 사용하여 계산한 주식의 내재가치이다. R은 연구기간(10년) 동안의 수익률로서, 측정오차(measurement error)를 통제할 목적으로 삽입되었다. 만약 FO모형이 배당평가모형보다 우수하다면, FO모형으로 계산한 주식의 내재가치가 현행주가와 더 밀접하게 연결되어 있을 것이므로 위 회귀식에서 α_1이 α_2보다 더 유의적인 결과를 보일 것이다.

제시된 표에서 숫자는 회귀계수이며, t 테스트 결과는 회귀계수가 0과 유의적인 차이가 있는지를 검증한 것이다. d1, d2, d3은 연구기간인 5년 이후의 잔존가치를 계산하는 데 서로 다른 방법을 사용한 경우이다. 표본 1은 전체 표본을 사용한 경우, 표본 2는 손실을 기록한 해의 자료를 제외한 경우이다. 표본 1의 경우에서는 FO모형의 결과가 배당평가모형을 압도하지는 못하지만, 표본 2의 경우에서는 FO모형의 우수성이 두드러졌다. 대부분의 경우에 있어서 α_1이 α_2보다 더 0과 유의적으로 다르기 때문에 FO모형이 배당평가모형보다 주가와 더 밀접하게 관련된 것으로 나타났다.

〈Collins and Den Adel(1996)의 회귀분석 결과〉

	P_t^{d1}		P_t^{d2}		P_t^{d3}	
	α_1	α_2	α_1	α_2	α_1	α_2
표본 1	1.9*	1.7*	3.5**	1.1	2.7***	3.3***
표본 2	3.0***	1.1	4.0***	0.0	3.5***	1.4

* ： 10% 유의수준에서 유의한 결과
** ： 5% 유의수준에서 유의한 결과
***： 1% 유의수준에서 유의한 결과

3) Penman and Sougiannis(1998)의 연구

Penman and Sougiannis는 보다 엄밀한 방법을 사용하여 FO모형의 우수성을 실증적으로 보여주었다. Bernard(1995)가 Value Line의 예측자료를 사용하였는 데 반하여, 이들은 실제의 실현(ex-post 또는 historical)이익, 배당금 및 장부가치 자료를 사용하였다. 이들의 연구에 사용된 자료들은 예측자료가 아니라 전부가 과거의 실제 자료인 것이다. 그러나 현재의 주가가 미래의 기대이익이나 미래의 장부가치 또는 미래 배당금의 할인된 가치를 나타내는 것이므로 실제로 실현된 이익(장부가치, 배당금)이 현시점에서 투자자가 가지고 있는 미래 기대이익(장부가치, 배당금)과 같다고는 할 수 없다. 따라서 이들은 이 문제를 해결하기 위하여 실현 미래가치를 이용하여 현재의 주가를 정확하게 예측하는 가격모형(price model)을 개발하였다. 그리고 이 가격모형으로 계산된 가치와 다른 모형으로 계산된 가치를 서로 비교하였다. 즉, 비교된 모형 사이의 차이가 작을수록 그 비교된 모형이 우수한 것이다. 이 밖에도 Penman and Sougiannis는 잔존가치(terminal value)가 현행 주가에 영향을 미칠 수 있다는 데 착안하여 잔존가치 또한 모형에 포함시켰다. 잔존가치를 계산하는 방법은 Penman(1996)이 개발한 방법을 따랐다. 연구결과는 다음과 같다.

제시된 표 중 DDM은 배당할인모형, DCFM은 현금흐름할인모형, CM은 FO모형이고 RIM은 CM을 약간 변형시킨 것이다. 위 모형들 중 Price Model과의 오차 차이가 가까울수록 정확한 예측을 하는 모형이다. t는 특정시점이며, t+1은 특정시점과 그 다음 1년 치, 총 2년 치의 자료를 사용한 분석을 나타낸다. 같은 방법으로 t+4는 특정시점과 그 다음 4년, t+10은 특정시점과 그다음 10년 치의 자료를 분석에 사용한 경우이다.

결과에서 보듯 Price Model로 계산한 오차가 RIM이나 CM으로 계산한 오차와 상대적으로 근사한 데 비하여, DDM이나 DCFM으로 계산한 오차는 Price Model로 계산한 오차와 매우 큰 차이를 보이고 있다. 이 오차 사이의 차이는 더 많은 연도의 자료들을 계산에 포함시킬수록(즉, t+1보다는 t+4에서, t+4보다는 t+10에서) 증가하고 있다. Penman and Sougiannis는 이 이외에도 6가지 다른 방법으로 포트폴리오를 구성하여 똑같은 테스트를 반복하였으나 결과는 대동소이 하였다. 즉 FO모형이 배당할인모형이나 현금흐름할인모형에 비하여 현행주가를 더 정확하게 예측하고 있다.

〈Penman and Sougiannis(1998)의 사후 가치평가 오차〉

	t+1	t+4	t+10
Price Model	-0.031	-0.177	-0.336
DDM	.923	.663	.069
DCFM	1.937	1.762	1.450
RIM	.175	.103	-0.120
CM	.199	.074	-0.113

4) Francis, Olsson and Oswald(1998)의 연구

이들은 Value Line의 예측자료를 사용하여 배당할인모형, 현금흐름(free cash flow)할인모형, 그리고 FO모형의 정확성을 비교하였다. 이들의 연구에서는 Penman and Sougiannis(1998)의 연구와 달리, 가치평가오차(valuation error)를 순수한 오차(signed error)와 순수오차에 절대값을 붙인 절대오차(absolute error) 두 가지 방법으로 조사하였다.

제시된 표에서 각 모형 뒤 괄호 안에 있는 숫자 0과 4는 미래 5년 이후의 기업의 성장률을 0%와 4%로 가정한 경우이다. 이 가정에 따라 미래 5년 이후의 잔존가치의 계산이 다르게 된다. 배당할인모형의 경우 순수오차가 -75.5%인데, 이는 실제 주식가격보다 배당평가모형으로 계산한 주식의 내재가치가 75.5%만큼 작다는 의미이다. 전체적으로 순수오차를 비교해 보면 성장률이 0%와 4%일 때 3개 모형 중 FO모형의 오차가 제일 작은 것으로 나타났다. 절대오차의 경우에도 결과는 대동소이하였다. 이러한 결과는 FO모형이 가장 정확한 예측치를 제공해 주고 있다는 것을 의미한다.

Francis et al.는 이 이외에도 연구개발비(R & D), 발생주의 회계(Accruals), 변수들의 정확성, 변수들의 예측가능성 등의 여러 기준에 따라 포트폴리오를 구성하여 유사한 테스트를 반복하였다. 전체적인 결과는 모두 FO모형의 우수성을 보여주었다.

〈Francis, Olsson and Oswald(1998)의 절대 및 순수 가치평가 오차〉

가치평가모형	순수(signed) 오차	절대(absolute) 오차
배당할인모형(0)	-75.5 %	75.8 %
현금흐름할인모형(0)	-31.5 %	48.5 %
FO모형(0)	-20.0 %	33.1 %
배당할인모형(4)	-68.0 %	69.1 %
현금흐름할인모형(4)	18.2 %	41.0 %
FO모형(4)	-12.7 %	30.3 %

*( )의 수치는 5년 이후 미래성장률 가정치임.

제2절 다양한 주제에 응용한 연구

1) Botosan(1997)의 연구

Botosan은 자발적 공시가 증가함에 따라 자본비용이 감소한다는 가설을 실증적으로 검증하였다. 기업이 더 많은 정보를 자발적으로 공시함으로써, 투자자들이 그만큼 위험을 적게 부담하게 되어 자본비용이

56

감소한다는 논리이다. 그녀는 자발적 공시의 수준은 자신이 직접 개발한 측정기준에 따라, 자본비용은 FO모형을 사용하여 계산하였다. 자본비용 계산에 사용된 방정식은 다음과 같다.

$$P_t = bv_t + \sum_{\tau=1}^{\infty} R_F^{-\tau} E_t[x_{t+\tau}^{a\sim}]$$

$$= bv_t + \sum_{\tau=1}^{\infty} (1+r)^{-\tau} E_t[x_{t+\tau}^{\sim} - rbv_{t+\tau-1}]$$

$$= bv_t + \sum_{\tau=1}^{T} (1+r)^{-\tau} E_t[x_{t+\tau}^{\sim} - rbv_{t+\tau-1}] +$$

$$\sum_{\tau=T+1}^{\infty} (1+r)^{-\tau} E_t[x_{t+\tau}^{\sim} - rbv_{t+\tau-1}]$$

$$= bv_t + \sum_{\tau=1}^{T} (1+r)^{-\tau} E_t[x_{t+\tau}^{\sim} - rbv_{t+\tau-1}] +$$

$$(1+r)^{-\tau} E_t[P_T^{\sim} - bv_T]$$

Botosan은 유도된 식을 이용하여 Mathematica 소프트웨어로 r(자본비용)을 계산하였다. 실증분석 결과는 자발적 공시의 수준이 자본비용과 부의 관계가 있다는 가설을 뒷받침하고 있다.[32]

2) Abarbanell and Bernard(1997)의 연구

이 연구는 투자자들이 기업의 장기적인 성장 전망보다는 단기 성과에만 집착한다는 자본시장의 단기집착가설(myopic hypothesis)을 검증하였다. 이들은 Value Line의 이익 예측자료를 이용하여 FO모형에 따라 기업의 장기 및 단기 이익의 가치를 측정하였으며, 이 측정된 두 가

---

32) 이 논문은 1996년 미국회계학회(AAA) 최우수 박사학위논문상을 수상하였다.

치를 독립변수로 현재주가를 종속변수로 하는 회귀분석을 수행하였다.
구체적인 회귀분석 방정식은 다음과 같다.

$$CAR_t = \beta_0[1/P_t] + \beta_1[bv_t/P_t] + \beta_2[(\sum_{\tau=1}^{4}(1+r)^{-\tau}E_t[x_{t+\tau} -$$

$$rbv_{t+\tau-1}])/P_t + \beta_3[(1+r)^{-4}E_t[P_{t+4} - rbv_{t+\tau-1}] + e$$

4년을 장단기로 구분하는 기준으로 했을 때, 위 식에서 β_2의 계수는
FO모형으로 계산한 미래 4년 동안의 이익의 현재가치 이며, β_3의 계수는
5년 이후의 이익의 현재가치를 나타낸다. 만약 투자자들이 기업의 단기성
과에만 집착한다면 β_2만 0과 유의적으로 다를 것이다. 그러나 투자자들이
기업의 장기 및 단기성과를 똑같이 중요하게 생각한다면 β_2와 β_3은 모두
0과 유의적으로 다르면서, 서로의 크기에는 별다른 차이가 없을 것이다.
  Abarbanell and Bernard가 FO모형을 단기집착가설을 테스트하는 데
이용한 것은 매우 혁신적인 아이디어라고 할 수 있다. 그러나 실증분석
결과는 기대만큼 결정적이지 못하였다.

3) Frankel and Lee(1997)의 연구

Frankel and Lee는 FO모형을 사용하여 기업의 내재가치(V)를 계산
한 다음, 현재주가(P)와 비교하여 V/P 비율을 계산하였다. V/P 비율
이 1보다 크면 현재 주가가 저평가 되어 있는 것이고 1보다 작으면 주
가가 고평가되어 있는 것이므로, 이 비율에 따라서 투자전략을 만들 수
가 있다. 그 다음 단계로 그들은 V/P 비율과 B/P(장부가격/주가) 비
율 중 어느 것이 주식 수익률을 보다 정확하게 설명하는지를 각각 5개
의 포트폴리오를 구성하여 비교하였다.

<Frankel and Lee(1997)의 V/P 비율과 B/P 비율의 비교>

	V/P 비율		
	Q1(낮음)	Q3	Q5(높음)
B/P 비율 Q1(낮음)	0.277	0.469	0.614
Q3	0.382	0.505	0.583
Q5(높음)	0.338	0.601	0.673

표에서 Q1은 해당 비율이 가장 작은 포트폴리오, Q5는 가장 큰 포트폴리오이다. 결과에서 알 수 있듯이, Frankel and Lee의 연구는 B/P 비율보다는 V/P 비율이 보다 밀접하게 주식수익률과 관련되어 있음을 보여주고 있다. V/P 비율이 가장 높은 기업들을 대상으로 만든 포트폴리오는 58.3-67.3%의 수익을 올린 반면에, B/P 비율이 가장 높은 기업들을 대상으로 한 포트폴리오는 33.8-67.3%의 수익률을 올렸다. B/P 비율이 변함에 따라서 수익률의 변동이 약간씩 있기는 하지만 B/P 비율이 증가한다고 수익률이 항상 증가하는 것은 아니지만, B/P 비율이 무엇이냐에 관계없이 수익률은 V/P 비율이 증가함에 따라 항상 증가하고 있다. 따라서 V/P 비율이 주식 수익률을 B/P 비율보다 더 잘 설명하고 있다는 결론이 도출된다.

4) Lee, Myers and Swaminathan(1997)의 연구

Lee et al.의 연구는 Frankel and Lee(1997)의 연구를 확장시킨 것이다. Frankel and Lee가 V/P 비율과 B/P 비율만을 비교하였는 데 반하여, 이들은 배당지급률(dividend payout ratio, DP ratio), 이익/주가비율(earnings price ratio, E/P ratio)을 추가한 4가지 비율 중 어느 비율이 주식 수익률을 가장 잘 설명하는지를 조사하였다. 회귀분석에 사용된 방정식은 다음과 같다.

$$\sum_{k=1}^{K} R_{t+k}/K = \beta_0 + \beta_1 DP + \beta_2 EP + \beta_3 BM + \beta_4 VP + e$$

이 식에서 R은 주식 수익률이며 K는 보유기간을 나타낸다. K=1이면 미래 1개월간의 수익률, 2이면 미래 2개월 동안의 평균 수익률이 종속변수이다. 방정식에 사용된 독립변수는 배당지급률, 이익/주가비율, 장부가격/주가비율, 내재가치/주가비율의 4가지 비율이다. 만약 V/P 비율이 다른 어떤 비율보다 더 수익률을 잘 설명한다면 β_4를 다른 계수들과 비교할 때, 0과 유의적으로 다를 것이라는 예측이 가능하다.

〈Lee, Myers and Swaminathan(1997)의 DP, E/P, B/P, V/P 비율의 비교〉

K	β_1	$p(\beta_1)$	β_2	$p(\beta_2)$	β_3	$p(\beta_3)$	β_4	$p(\beta_4)$
1	-0.275	0.673	0.367	0.092	-0.050	0.676	0.100	0.002
3	0.392	0.469	0.322	0.109	-0.075	0.802	0.078	0.007
6	0.365	0.463	0.144	0.309	-0.047	0.686	0.056	0.008
9	0.705	0.233	0.027	0.547	-0.047	0.791	0.051	0.006
12	0.793	0.156	-0.038	0.726	-0.041	0.824	0.044	0.003
18	0.954	0.063	-0.119	0.906	-0.036	0.878	0.025	0.004
Avg.	0.489	0.422	0.117	0.420	-0.049	0.677	0.059	0.000

표에서 K는 기간을, p(.)는 p값이다. 예를 들어 미래 1달 동안의 수익률(K=1)은 DP 비율과 음의 관계(계수=-.0275)를 가지고 있는데, 그 상관계수는 0과 유의적으로 다르지 않다(p=0.673). 전체 표에서 보듯이 V/P 비율은 수익률과 거의 대부분 통계적으로 유의한 수준의 상관관계를 가지고 있지만 다른 비율들은 그렇지 못하였다. 즉 V/P 비율이 주식 수익률을 가장 잘 설명하고 있다.

60

5) Choi, Sougiannis and Yaekura(1998)의 연구

Choi et al.는 FO모형을 사용하여 계산한 기업의 내재가치와 실제 주식가격과의 차이인 가치평가오차(valuation error)를 계산한 다음, 이 가치평가오차와 관련되어 있는 요인이 무엇인지, 즉 가치평가오차의 결정요인이 어떠한 것인지를 조사하였다. 가치평가오차는 다음과 같은 방법으로 계산하였다.

$$VE_t = \mid (P_t - P_t^{FO})/P_t \mid$$

이 식에서 VE는 가치평가오차, P는 실제 주식가격, P^{FO}는 FO모형을 사용하여 계산한 주식의 내재가치, t는 특정시점을 의미한다. 가치평가오차의 결정요인을 측정하기 위해 사용한 회귀분석 방정식은 다음과 같다.

$$VE = \beta_0 + \beta_1 D + r_{11}BM + r_{12}BM^2 + r_{21}DP + r_{22}DP^2 + r_{31}EP +$$
$$r_{32}EP^2 + r_{41}MV + r_{42}MV^2 + r_{51}P + r_{52}P^2 + r_{61}GR +$$
$$r_{62}GR^2 + r_{71}PVRI + r_{72}PVRI^2 + e$$

식에서 D는 특정 산업(industry)을 나타내는 더미(dummy)변수이며, BM은 장부/시장가격 비율(book/market ratio), DP는 배당금/이익 비율, EP는 이익/주가 비율, MV는 ln(주식가격), p는 자본비용, GR은 성장율, PVRI는 연구에 사용된 기간인 5년 이후의 기대 잔여이익(expected residual income)의 할인된 현재가치이다. 실증분석 결과는 거의 모든 독립변수들이 0과 유의적으로 다른 것으로 나타났다.

제3절 모형의 단순화 형태를 이용한 연구

원래의 FO모형은 주가가 현재의 장부가치 및 미래의 잔여이익의 현재가치의 함수라고 설명하고 있다. 여러 연구들은 이 모형을 단순화해서, 주가가 현재의 장부가치와 현재 이익의 함수라고 가정하여 분석을 행하고 있다. 즉, 다음과 같은 형태의 모형을 사용하는 것이다.

$$P_t = \beta_0 + \beta_1 BV_t + \beta_2 E_t + e$$

구체적인 분석은 첫째, 장부가치(BV)나 이익(E)을 그 구성요소별로 분해하여, 그 구성요소가 주식가격과 유의적인 관계를 가지고 있는지를 분석하는 것과 둘째, 서로 다른 회계기준에 따라 계산된 장부가치와 이익이 다를 때 이 서로 다른 이익과 장부가치를 각각 이용하여 회귀분석을 실시하고, 그 결과 얻어진 계수와 설명력을 비교하는 방법이 많이 사용된다. 또 단순화 형태의 식을 약간 변형하여 다른 변수들을 덧붙인 형태도 사용되고 있다.

1) Amir and Sougiannis(1998)의 연구

이들은 이연법인세자산(tax carryforward 또는 deferred taxes)이 투자자들의 주식 내재가치 평가에 어떠한 영향을 미치는지, 그리고 재무분석가들은 이 이연세금자산을 어떻게 해석하고 있는지를 조사하였다. 연구에 사용된 모델은 다음과 같다.

62

$$P_t = \alpha_1 bv_t + \alpha_2 \sum_{\tau=1}^{\infty} R_F^{-\tau} E_t[x_{t+\tau}^{a\sim}] = \alpha_1 bv_t + \alpha_2 PVAE$$

이들은 이 FO모형을 간단히 하여 다음과 같은 가정하에 분석하였다.

$$PAVE = \beta_1 + \beta_2 BV + \beta_3 AER$$
$$AER_t = EPS_{t+j} - (\rho BV_{t+j-1})$$

이 식에 덧붙여서 이들은 전체 장부가치(BV)를 이연세금자산을 뺀 장부가치(ABV)와 이연세금자산(TDT)의 합계로 나누었다. BV＝ABV ＋TDT로 구분한 것이다. 이 식을 PAVE 식에 대입하면 다음과 같다.

$$PAVE = r_1 + r_2 ABV + r_3 TDT + r_4 AER$$

이들은 다시 TDT를 세 가지 세부항목으로 나누었다.

$$PAVE = r_1 + r_2 ABV + r_{31} TDT1 + r_{32} TDT2 + r_{33} TDT3 + r_4 AER + e$$

연구결과는 이연세금자산이 주식가격과 유의적인 양(＋)의 관계를 가지고 있고, 이연세금자산이 많은 기업의 경우 재무분석가의 이익예측 의 정확성이 낮은 것으로 나타났다.

2) Collins, Hand and Shacjekfird(1998)의 연구

이들은 외국에서 벌어들인 이익과, 벌어들인 이익 중 외국에 계속 투자한 이익잉여금 증가분이 국내에서 벌어들인 이익과 비교할 때 주식 가격과의 관련성 정도가 다를 것이라는 가설을 측정하였다. 구체적인 모델은 다음과 같다.

$$P = \beta_0 + \beta_1 DNI + \beta_2 FNI + \beta_3 CS + \beta_4 RE + \beta_5 PRE + e$$

이 식에서 P는 주식가격, DNI는 국내에서 벌어들인 이익(domestic net income), FNI는 외국에서 벌어들인 이익(foreign net income), CS 는 총자본－이익잉여금－외국에 지속적(permanently)으로 투자된 이익, RE는 이익잉여금(retained earnings), 그리고 PRE는 외국에 지속적으로 투자된 이익(permanently reinvested foreign earnings)이다. 이들은 FNI는 주식가격과의 관련 정도가 DNI와는 다를 것이며, PRE도 주식가격과 관련되어 있어서 종속변수의 유의적인 설명변수일 것으로 예측하였다. 여기에서 DNI, FNI, CS, RE, PRE 등의 5개 변수가 독립변수로 사용된 이유는 DNI와 FNI를 더하면 이것이 주당이익이며, CS＋RE＋PRE가 바로 장부가치(BV)이기 때문이다. 주가가 당기순이익과 장부가치의 함수이므로 E와 BV를 그 세분 구성요소로 분해한 것이다.

3) Dhaliwal, Subramanyam and Trezevant(1997)의 연구

1997년 6월에 발표된 Statement of Financial Accounting Standards(SFAS) No.130이 1997년부터 포괄이익을 재무제표에 공시할 것을 규정하고 있다. 이들은 이 회계기준이 실행되기 이전 자료를 대상으로 하여, 당기순이익을 현행 회계기준에 의해서가 아니라 포괄적인 입장에서 포괄이익(comprehensive income)을 계산하고, 그 포괄이익이

64

현재 주가와 어떻게 관련되어 있는지 그리고 포괄이익이 현행 당기순이익보다 더 가치관련성이 있는지를 조사하였다. 연구에 사용된 모형은 다음과 같다.

$$P = \beta_0 + \beta_{11}COMPI + \beta_{21}BV + e$$
$$P = \beta_0 + \beta_{12}NI + \beta_{22}BV + e$$

위 식에서 COMPI는 포괄이익이며 NI는 현행 회계기준에 따른 당기순이익이다. 이들은 β_{11}과 β_{12}의 두 계수를 비교하였는데, β_{12}가 더 크며 0과도 보다 유의적으로 다르다는 결론을 얻었다. 즉 포괄이익보다는 현행 회계기준에 의한 당기순이익이 비록 순수잉여관계식을 위반하고 있지만 보다 더 주가와 관련되어 있는 것으로 나타났다.

4) Chambers, Jennings와 Thompson[1998]의 연구

이들은 연구개발비(R & D expense)를 자본화(capitalization)한 후 상각하는 것과, 즉시 비용처리하는 두 방법 중 어느 방법이 주가를 보다 잘 설명하는지를 관찰하였다. 연구 방법론은 위에서 설명한 Dhaliwal et al.(1997)과 매우 유사하다. 이들 역시 현행 회계기준에 따른 장부가치와 이익을 이용하여 회귀방정식의 계수를 구하고, 이 계수들을 연구개발비를 자본화하였을 때(자본화하여 상각하는 기간은 여러 기간을 반복하여 사용하였다.)의 조정된 이익과 장부가치를 이용하여 계산한 회귀계수와 비교하였다. 연구 결과는 회귀계수의 유의성과 설명력 면에서 자본화하는 방법이 보다 잘 주가를 설명하는 것으로 나타났다.

5) Harris and Kemsley(1998)의 연구

이들은 자본에 대한 소득세는 없는 데 반하여, 이익에 대한 소득세는 존재한다는 데 착안하였다. 회사에 투자된 자본금에 대한 소득세는 존재하지 않으므로 회사가 청산을 한다면 자본금을 아무런 세금 부담 없이 돌려받을 수 있지만, 이익 잉여금이 배당금(또는 청산 배당금)의 형태로 배부된다면 투자자는 소득세를 납부해야 한다. 따라서 회사의 장부가치 중 자본금과 이익잉여금은 주식가격과의 상관관계가 다를 것이라는 예측이 가능하다. 즉 이익잉여금의 주식가격과의 관계가 자본금과 비교하여 더 작을 것이다. Harris and Kemsley는 이러한 가설을 다음과 같은 모형을 이용하여 측정하였다.

$$P = \beta_0 + \beta_1(BV_t) + \beta_2 RE_t + \beta_3 E_t + \beta_4((RE_t/BV_t)E_t) + e$$

RE는 이익잉여금(retained earnings)이다. 이 식에서 이익잉여금을 제외한 다른 자본금 항목들과 주식가격과의 관계는 변수 β_1로, 이익잉여금과 주식가격 사이의 관계는 $\beta_1 + \beta_2$로 나타내어진다. 따라서 만약 이익잉여금과 다른 장부가치 항목들이 주식가격과 서로 동일한 정도로 관련되어 있다면 β_2는 0이 되어야 한다. 그러나 만일 이익잉여금이 다른 장부가치 항목인 자본금(＋자본잉여금)보다 덜 주식가격과 관련되어 있다면 β_1은 음의 값을 가질 것이다. RE/BV는 전체 장부가치중 이익잉여금이 차지하는 비중이다. 가설에 따르면 이익잉여금이 많으면 많을수록 자본비용이 작게 되어 β_4는 양의 값을 가지게 될 것이다. 실증분석 결과는 이러한 두 예측을 뒷받침하고 있다.

6) Ziebart and Choi(1998)의 연구

현재 미국에서는 외화환산회계처리의 방법으로 SFAS No. 52가 발표된 이래 현행환율법이 쓰이고 있다. 현행환율법이 대부분의 경우에 있어서 다른 방법보다 우월한 것은 사실이지만(Beaver와 Wolfson 1982), 현행환율법을 사용한 경우에도 여러 문제점이 존재한다. 가장 큰 문제는 환율변동이 실질 경제가치의 변동을 정확하게 반영하지 못할 경우이다.(Ziebart and Choi 1998b). 이러할 경우 구매력평가차이(purchasing power parity)가 발생하게 되는데, 이 구매력 평가차이는 장부에는 나타나지 않는 실질 경제가치의 차이인 것이다. Ziebart and Choi는 이 구매력 평가차이가 시장가격에 반영되는지를 측정하였다. 연구에 사용된 모형은 다음과 같다.

$$P = \beta_0 + \beta_1 ABV + \beta_2 CTA + \beta_3 PPP + \beta_4 E + e$$

이 식에서 ABV + CTA = BV이다. CTA는 누적외화환산조정액(cumulative translation adjustment)으로서 미국 회계기준에서는 대차대조표의 자본계정 조정항목이다. ABV(adjusted book value)는 장부가치에서 CTA를 차감한 잔액이다. PPP가 바로 구매력 평가차이를 계산한 액수로서 시장이 효율적이라면 시장가격과 PPP 사이에 유의적인 상관관계가 존재할 것이다.

7) Collins, Maydew and Weiss(1997)의 연구

이들은 재무제표의 가치 관련성(value relevance)이 과거에 비하여 감소하였다는 주장을 실증하였다. 이러한 주장은 근래 들어 자주 등장하고 있는데, 그 이유는 기술의 진보, 인플레이션, 인적자원, 기타 무형자산의 중요성 때문에 재무제표가 기업의 가치를 과거와 비교할 때 정확하게 반영하지 못하고 있다는 것이다. Collins et al.는(식 3.10)을 이용하여 1953년부터 1993년까지의 자료를 사용, 연도별 회귀분석을 실시하였다. 그 결과 설명력(R^2)으로 표시되는 재무제표의 가치 관련성은 감소한 것이 아니라, 오히려 약간 증가하였다는 결론을 얻었다. 또 장부가치와 이익의 가치 관련성을 별도로 살펴보았을 때(독립변수로 장부가치와 이익 중의 하나만 사용하여 회귀분석을 실시하였을 때)는 이익의 가치 관련성이 감소한 데 반하여 장부가치의 관련성은 증가한 것으로 나타났다. 이익의 가치관련성이 감소한 이유로는 비경상적, 비반복적인 특별손실, 상각항목의 증대, 손실기록 횟수의 증대 등을 들고 있다.

제4절 관련 국내 연구

국내 관련 연구는 미국의 회계학 연구의 영향을 받아 시작되었지만 한국의 고유의 회계문제를 다루는 영역으로 확대되고 있다. 신규공모주의 가격결정을 다룬 송인만과 박철우(1995)의 연구, 자산재평가문제를 다룬 김권중(1997)의 연구 등이 그러한 예이다.

1) 김문철(1994)의 연구

김문철(1994)은 회계정보가 신규 공모주식의 발행가격에 어떻게 영향을 미치는 지와, 이 경우 기업들의 주요 특성에 따라 회계정보의 역

68

할이 어떻게 차이가 나는지를 미국의 자료를 이용하여 분석하였다. 기업가치의 설명변수로 장부가치와 순이익을 이용하여 회귀분석을 실시하는 단순화된 형태의 FO모형을 이용하여 실증분석한 결과, 이 변수들이 신규공모주식의 발행가격에 대한 유의한 설명력을 가지고 있는 것으로 나타났다. 특히 주당순자산가치가 주당순이익보다 설명력이 높았다. 기업가치에 대한 회계정보의 설명력은 기업연령에 따라 증가하며, 고도기술산업보다 그렇지 않은 산업에 대해 회계정보의 유용성이 더 높은 것으로 나타났다. FO모형을 이용하여 한국에서 발표된 초기의 연구라는 점에서 김문철의 연구는 그 시사점이 크다고 하겠다.

2) 정혜영(1995)의 연구

정혜영(1995)은 FO모형을 기초로 하여, 여러 회계정보를 이용하여 주가를 예측하는 기업가치평가모형을 개발하였다. 논문에서 유도된 회귀식은 다음과 같다.

$$P_{jt} = a_{0j} + a_{1j}B_{jt} + \sum_{k=0}^{5} b_{jk}(CF_{jt+k}/B_{jt+k-1})B_{jt} + c_j GROWTH_{jt}B_{jt}$$
$$+ d_j RISK_{jt} + B_{jt} + e_{jt}METHOD_{jt}B_{jt} + f_j INDEX_t + u_{jt}$$

위 식에서 P는 주당주가, B는 주당 장부가치, CF는 현금흐름, GROWTINDEX는 종합주가지수이며, j와 t는 기업과 시점을 나타낸다.

주당 주가에 대해서 주당장부가치·미래현금흐름(현재 및 미래 5년간의 경상이익 흐름비율)·미래성장률(미래 5년간의 연평균 주당 장부가치 성장률)·기업위험도(미래 베타계수)·회계처리방법(재고자산 처리방법) 및 현재의 종합주가지수 수준을 설명변수로 한 회귀분석에서는 조정된 R^2값이 0.4886을 나타냈다. 그러나 종합주가지수와 미래베타를 제외한 순수 회계변수만을 독립변수로 한 경우에는 설명력이 27.02%, 주당장부가치만을 설명변수로 한 경우는 설명력이 18.73%였다. 현재 주식가격에 대한 주당 장부가치의 설명력이 18.73%인 실증결과에 대해 저자는 발생주의 회계시스템이 기업의 순자산가치를 적절하게 측정하지 못하고 있다고 해석될 수 있지만, 한편으로는 주가변화에 대한 회계이익 변화의 설명력이 5% 정도에 불과한 기존 연구에 비해 상당히 높은 수준이라고 설명하고 있다.

이 연구는 한국의 회계자료가 임의적인 추정과 배분, 회계수치 조작, 신뢰성 결여 등의 문제점에도 불구하고 기업의 가치를 평가하는 데 유용하게 사용될 수 있음을 실증적으로 보여주고 있다는 측면에서 중요하다고 하겠다.

3) 정혜영, 이현, 장상기[1995]의 연구

기업가치평가 접근법의 연구에 의하면 기본적 분석을 통하여 기업의 내재가치를 찾아낼 수 있고, 이 내재가치와 현행 주식가격을 비교·분석하여 과대/과소평가된 주식을 식별하는 것이 가능하다. 이들은 정혜영(1995)에서 유도된 모형을 이용하여 주식의 내재가치를 추정하고, 시장가격과 비교하여 과대/과소 평가된 주식을 구분한 후, 헷지포트폴리오를 구성하여 투자분석을 수행함으로써 이러한 주장을 실증하였다.

시장조정수익률·기업규모조정수익률·젠센의 알파값(Jensen's alpha)을 이용하여 투자성과를 측정하였을 경우, 이들은 대부분 유의적인 초과수익률을 얻을 수 있었다. 회계연도 말 3개월 후 추정가격(내재가치)이 시장가격에서 10%를 벗어나는 표본을 대상으로 기업규모조정수익률을 살펴본 결과 12개월 헷지포트폴리오의 누적수익률이 11.44%였다. 표본을 포트폴리오 형성시점의 주식의 시장가치를 기준으로 2분한 경우에는 대기업표본에서는 10.21%, 소기업표본에서는 12.67%의 수익률을 얻을 수 있었다. 즉 FO모형을 이용한 기업가치평가를 통한 투자분석이 국내 시장에서도 유용하게 사용될 수 있다는 점을 이 연구는 보여주고 있다.

4) 신승묘(1996)의 연구

신승묘(1996) 역시 FO모형을 약간 변형하여 이용한 분석을 실시하였다. 그는 기업가치의 설명변수로 현재의 주당장부가치와 주당순이익, ROE의 증가율, 투자증가율, 시장베타를 선정하였다. 아래 식에서 P, bv, OEPS는 각각 주당 주식가격, 주당장부가치, 주당경상이익이며, DROE, INV는 4년간의 ROE의 증가율과 장부가치대비 고정자산의 평균비율이다. BET는 48개월간 주가수익률로부터 추정된 beta이며, D와 DY는 결산월과 표본 연도에 대한 더미변수이다. 아래 식에서 괄호 밖의 숫자는 계수값이며, 괄호안의 숫자는 t값, *는 1% 수준에서 유의적임을 나타낸다.

실증분석 결과 주가에 대해 장부가치, 당기이익, ROE의 증가율, 투자증가율은 양의 관계를, 시장베타는 음의 관계를 나타냈다. 수정된 R^2는 76.7%로 매우 높았다. 이러한 높은 설명력은 회계수치에 대한 신뢰성이 한국보다 월등히 높은 미국자료와 비교할 수 있을 만큼 높은 수치로서[33], FO모형이 국내 시장에서 실무적으로도 유용하게 사용될 수 있음을 나타내 준다고 하겠다.

---

33) 예를 들어 Bernard(1995)의 연구에서의 설명력은 68%였다. 이는(표 3.1)에 표시되어 있다.

$$P_{jt} = a + b_0 bv_{jt} + b_1 OEPS_{jt} + b_2 DROE_{jt}*bv_{jt} + b_3 INV_{jt}*bv_{jt} +$$

6523.094   1.053   0.829   0.333   0.492

(12.383*)   (19.797*)   (6.402*)   (6.242*)   (3.906*)

$$b_4 BET_{jt}*bv_{jt} + g_1 D_3 + g_2 D_6 + g_3 D_9 + g_4 DY + u_{jt}$$

-0.430   -3409.927   -3766.217   -5392.092   4612.335

(-8.422*)   (-2.695*)   (-3.522*)   (-4.106*)   (9.153*)

5) 송인만과 박철우(1995)의 연구

이들은 FO모형을 확장하여 주식가치가 순자산 장부가치, 산업평균영업권, 기업고유영업권으로 구성되어 있음을 보이고, 자산가치, 수익가치, 상대가치를 동시에 고려하는 신규공모주의 발행가격 결정방법에 대한 근거를 제시하였다.

분석 결과에 의하면 신규공모주의 상장 후 주가는 다른 대체적인 방법에 비해 순자산 장부가치, 산업평균영업권, 기업고유영업권을 함께 고려할 경우 예측력이 높게 나타났다. 자산가치와 수익가치에 대한 가중치는 모두 0.5보다 높았으며, 상대가치의 결정에는 주당 경상이익비율보다 주당 순자산비율이 큰 영향을 미치는 것으로 나타났다. 즉 신규 공모주식의 경우 기존 상장기업보다 회계수치에 대한 신뢰성이 훨씬 낮음에도 불구하고 회계정보가 유용하게 사용될 수 있음을 본 연구는 보여주고 있다.

6) 김권중(1997)의 연구

김권중(1997)은 자산 재평가 후 증가된 자기자본(재평가적립금)이 주식가격에 대해 설명력을 갖는지를 검증함으로써 자산재평가와 관련한 회계정보의 유용성 여부를 보이고자 하였다. 분석에 사용된 모형은 FO모형을 변형하여 자산재평가와 관련된 변수를 추가한 것이다.

수정된 순수잉여관계식: $bv_t - bv_{t-1} = x_t - d_t + DS_t$

$$P_t = bv_t' + RS_t + \sum_{\tau=1}^{\infty} \rho^{-\tau} E_t[x_{t+\tau}^a] + \sum_{\tau=1}^{\infty} \rho^{-\tau} E_t[DS_{t+\tau}]$$

위 식에서 수정된 순수잉여 관계식은 CSR을 변형시킨 것이다. DS는 이익과 배당 이외의 원천에 의한 장부가치의 변동이며, RS는 재평가적립금이다. bv'는 재평가적립금을 제외한 순장부가치이다. t기간 중 재평가로 인해 재평가적립금이 계상되면 DS와 bv에 포함되게 된다.

실증분석 결과에 의하면 재평가에 의해 증가된 자기자본(RS)은 주식가격에 대해 유의한 설명력을 갖고 있는 것으로 나타났다. 과거 재평가연도가 오래된 기업은 오래되지 않은 기업에 비해 비정상이익의 주가설명력이 낮은 것으로 나타났는데, 이는 재평가연도가 오래된 기업이 가까운 미래에 재평가를 할 가능성이 상대적으로 높다는 가설을 지지하는 것이다. 이러한 결과를 통해 김권중은 자산재평가로 인해 회계정보의 유용성이 저해된다는 기존의 주장을 부인하고 오히려 재평가정보가 유용한 회계정보임을 주장하였다.[34] 이 연구는 FO모형을 한국 시장에서 주식가격 평가 이외의 다른 주제에 응용한 연구라는 점에서 중요하다고 할 수 있다.

---

34) 호주의 자산재평가를 다룬 Easton et al.(1994)의 실증결과 역시 재평가정보의 유용성을 지지하고 있다.

제4장 기업가치평가 시 회계정보의 역할에 대한 검토

본 장에서는 FO(1995)모형의 주된 개념인 보수주의회계와 순수잉여관계에 대해 검토한다. 우선, 회계정보를 이용한 기업가치평가 시 회계이익과 순장부가치가 기업가치에 대한 의미가 다를 경우 순영업자산에 대한 보수주의회계의 역할에 대해 살펴본다. 그리고 모형의 보수주의회계 개념을 보수주의관습 개념과 비교하고, 순수잉여관계를 벗어나는 회계처리의 예인 전기오류수정항목에 대한 회계처리가 기업가치평가에 미치는 영향에 대해 검토한다.

제1절 이익과 순장부가치의 기업가치에 대한 의미가 다를 경우 보수주의회계의 역할

기존의 주가이익비율(이하 PER), 주가순장부가치비율(이하 PBR) 연구는 이익의 승수 또는 순장부가치의 승수를 확인하는 문제로 기업가치결정을 다루고 있다. 이익 또는 순장부가치 각각이 가치충분하다는 가정하에 자본화계수를 찾는 것이 주된 내용이었다. 그러나 양자는 서로 별도로 분석되고 연구되어 왔지만 이익과 순장부가치를 함께 고려하는 Ohlson(1995), FO(1995)모형 관점에서 보면 함께 고려되는 것이 타당할 것이다.

Penman(1992)은 이들 PER, PBR 두 변수의 조합을 기초로 기업을 분류하고 각 기업군에 해당되는 조건을 구분하는 정보를 찾을 것을 제시하였다. PER의 대소는 제2장 제2절에서 살펴본 순이익모형의 값에 의해, PBR의 대소는 순장부가치모형의 값에 의해 구분된다.

<그림 3-1> PER, PBR을 이용한 기업분류

		PER		
		대	중	소
PBR	대	A	G	B
	중	F	E	H
	소	C	I	D

여기서 PBR은 현재의 순장부가치로부터 ρ $(=1+r)$ 즉, $(1+$자본비용$)$에 의해 투사(project)된 것에 대비한 기대미래이익의 크기를 의미하며 PER는 현재이익으로부터 ρ에 의해 투사된 것에 대비한 미래이익의 크기를 나타낸다. 따라서 위의 9개의 셀은 기대미래이익의 수준과 현이익수준으로부터 기대되는 이익의 변화의 조합이라 할 수 있다.

이러한 분류에 의할 때 단순히 PER 또는 PBR에 의해서 주가수준의 적정성을 판단하는 것은 문제가 있다. 위의 그림에서 보는 것처럼 경우에 따라서 회계이익과 순장부가치는 주가수준에 대해 서로 다른 예상을 하고 있기 때문이다. 투자지표로서 PER 또는 PBR에 관한 연구에 의하면 투자수익의 획득은 이들 지표의 평균회귀현상을 이용하고 있다. 저PER의 주식은 PER의 평균회귀현상에 따라 매입하는 전략을 취하게 되는데 이들 기업 중 고PBR에 해당되는 기업은 PBR의 평균회귀현상을 이용하여 투자전략을 수립할 경우 반대의 전략 매도하는 전략을 취하게 된다. 물론, 이익이 가치충분한 경우에는 PER를 이용해서, 순장부가치가 가치충분한 경우에는 PBR을 이용해서 투자전략을 수행하는 것이 타당할 것이다. 하지만 이익과 순장부가치가 부분적으로 가치충분할 때에는 두 회계정보를 함께 이용해야 할 것이다. Easton and Harris(1991)의 연구결과에 의하면 기업가치평가 시 이익과 순장부가치 사이에는 음의 관계가 있다. 순장부가치에 대한 가중치가 높을 때 이익에 대한 가중치는 낮았으며 이익에 대한 가중치가 높을 때 순장부가치에 대한 가중치는 높았다. 그러나 셀 B, 셀 C의 기업들에 대해서는 이러한 분석보다는 순영업자산에 대한 보수주의회계가 다른 셀에 속해 있는 기업들과 어떻게 다른지 분석할 필요가 있다.

따라서 두 비율을 조합하여 기업을 구분할 때 각 셀에서 기업가치에 대한 회계이익과 순장부가치의 역할에 대해 다음과 같은 차이를 예상할 수 있다.

첫째, 셀 E에 속해 있는 기업들에 대해서는 순장부가치에 의하든 이익에 의하든 기대미래이익에 대해 같은 의미를 지닌다. 이 경우 순이익모형과 순장부가치모형 모두 기업가치를 잘 설명할 것이다.

둘째, 셀 A, 셀 D의 기업들에 대해서는 회계이익과 순장부가치가 주가수준에 대해 동일한 예상을 한다. 이 경우 회계이익(또는 순장부가치)에 의한 주가수준의 예상이 순장부가치(또는 회계이익)에 의해 뒷받침되기 때문에 회계이익과 순장부가치를 함께 이용하는 Ohlson(1995)의 선형모형이 기업가치를 잘 설명할 것이다.

셋째, 셀 B, 셀 C의 기업들에 대해서는 회계이익과 순장부가치가 주가수준에 대해 예상을 달리한다. 이 경우 회계이익과 순장부가치 만으로 기업가치를 설명하기는 부족하며 Feltham and Ohlson(1995)의 선형모형관점에서 순영업자산에 대한 보수주의회계가 이를 설명하리라 기대된다.

넷째, PBR을 통제한 셀 F, E, H에 대해서는 PER의 차이를 야기하는 요인을 찾는 분석에 적합할 것이며, PER를 통제한 셀 G, E, I에 대해서는 PBR의 차이를 야기하는 요인을 찾는 분석에 적합할 것이다.

제2절 보수주의회계의 영향

1. 보수주의회계와 보수주의관습

보수주의관습(conservatism)은 선택가능한 여러 가지 대체적인 방법이 있을 경우에, 자산과 수익은 낮은 가액으로 평가하고 부채와 비용은 높은 가액으로 평가해서 보고하는 것을 의미한다. 보수주의관습에 의해 자산은 현행의 교환가액보다 낮게 평가하는 경향으로 나타나게 되고 이익 역시 대체적 방법 중 가장 낮게 산정된다.[35] 전자를 대차대조표상 보수주의관습이라 한다면 후자는 손익계산서상 보수주의관습이다. 즉, 보수주의회계가 대차대조표의 순장부가치에 대한 개념인 데 비해 보수적 회계처리는 손익계산서의 이익에 대한 개념이다[36]. 두 개념은 재무제표의 연계성에 따라 서로 연결된다.

Feltham and Ohlson(1995)의 보수주의회계(conservative accounting)는 대차대조표상 보수주의관습에 해당된다. 자산이 시장가치를 반영하지 못하는 경향에 의해 양의 미기록영업권(시장가치 – 순장부가치)이 지속되는 경우가 발생하기 때문이다. 단순히 특정 회계처리에 의해 이익을 작게 보고하더라도 이는 미래 시점에 이익의 증가를 가져오므로, 전체적으로는 손익계산서상의 보수주의관습에 의해 미기록영업권이 지속되지는 않는다.

그런데 당기의 이익을 줄여 보고하려는 경향은 기업가치평가에 영향을 미치지 않는다. Ohlson(1995)모형에서는 미래이익의 크기가 문제가

---

35) Eldon S. Hendricksen, *Accounting Theory*, 4th ed., 1982, pp.81-82. 이정호 (1996) p.281에서 재인용.
36) 강효석 · 이원흠 · 조장현(1997), pp.164-165.

되며 이익의 발생시점은 문제가 되지 않기 때문이다. 더불어 이익을 크게 보고하려는 경향을 포함하여 이익을 기간 간 이전하는 행위 즉, 자의적 회계처리 또한 기업가치평가에 고려될 필요가 없다. 자의적 회계처리에 의해 보고되는 이익이 기간 간 다르더라도 전체적으로 이익의 크기가 달라지는 것은 아니며 경제적 실질이 달라진 것은 아니다. 당기이익을 줄여 보고하려는 경향도 결국 기간 간 이익이전의 한 양상에 해당된다.

이익의 기간 간 이전 또는 보수주의회계 여부에 불문하고 순장부가치와 미래기대비정상이익의 현가로 결정되는 기업가치평가모형은 유지된다. 다만 보수주의회계에서는 미기록영업권이 무한정 지속되므로 기업가치를 정확히 측정하기 위해서는 무한정의 이익예측이 필요한 반면, 이익의 기간 간 이전에 대해서는 특정 기간동안의 이익예측이 필요할 뿐이다. 그러나 선형기업가평가모형에 의해 보수주의회계는 기업가치를 평가할 때 고려될 중요한 변수이다. FO(1995)선형모형에서는 순영업자산에 대한 과소기록을 고려하고 있다. 반면 이익을 줄여 보고하는 경향을 포함하여 이익의 기간 간 이전행위에 의한 미기록영업권은 단기에 소멸되므로 순영업자산의 과소기록은 미래에 소멸된다.

한편, 회계처리방법이라는 관점에서 보면 선형기업가치평가모형에서는 회계방법이 선형정보과정으로 표현될 수 있는 상황만을 손익계산서상 보수주의관습 즉, 보수적인 회계처리로 다루고 있다. 모든 종류의 보수적인 회계처리방법이 선형모형에 반영되지 않으며, 선형정보과정으로 표현되지 않는 보수적인 회계처리의 경우에는 미래 비정상이익의 증가에 의해 상쇄되지 않는다.

가령 정보가 시장에 알려졌을 때 이 정보를 인식하지 않고 나중에 인식하는 보수주의 회계처리의 경우, 즉 좋은 정보(good news)에 대해서는 사전적으로 인식하지 않는 경우 순장부가치가 가치를 반영하는데 시장가치와 시차(lag)를 가진다. 불편회계는 정보가 알려졌을 때 이익을 현가로 인식하는 것이다. 그러나 10년의 내용연수를 지닌 영업자산을 5년 동안 감가상각하는 경우처럼 자산을 너무 빨리 비용화하거나, 또는 나쁜 정보(bad news)에 대해서는 일찍, 좋은 정보(good news)에 대해서는 늦게 인식하는 경우[37]처럼 비체계적인 인식 방법을 적용할 때에 대해서는 선형정보과정으로 설명되지 못한다.[38]

모든 이익을 줄여 보고하려는 보수적인 회계처리방법이 선형정보과정에 의해 설명된다 하더라도 단순히 기업 간 회계처리방법을 비교함으로써 각 기업의 보수주의회계의 크기를 측정할 수 없다. 이익의 기간 간 이전에 불과한 보고이익의 크기를 줄여 보고하는 회계처리는 미기록영업권을 지속시키지 않기 때문이다. 더욱이 한 기업이 또 다른 기업에 비해 모든 회계항목에 대해 더 보수주의회계적인 회계처리방법을 사용하지 않으며 또한 재고자산평가방법·감가상각방법 등 회계항목에 대해 보수주의회계의 정도를 개별적으로 측정하는 것도 불가능하다. 회계처리방법의 선택은 업종, 재무 및 영업활동에 관한 주요 의사결정과 서로 영향을 주고받는다.[39]

따라서 회계처리절차는 기업의 회계정책을 반영한 것이므로 기업 간 회계처리방법을 비교하는 대신 기업의 회계처리절차의 선택에 영향을 미치는 요인에 따라 보수주의회계의 정도를 분석하는 것이 유용할 수 있다. 예컨대 기업특성별로 보수주의회계의 정도를 예상할 수 있다면 기업특성변수가 회계처리방법보다 더 보수주의회계를 잘 설명할 것이다.

그러나 보수적인 또는 자의적인 회계처리는 보수주의회계에 대한 시사를 제공할 수 있다. 특정기업의 회계가 기업가치를 초과하도록 순장

---

37) 저가법이 이에 해당된다.
38) Lundholm(1995).
39) Foster(1993), 역서 p.170.

부가치를 인식하고 있다면 단기적으로 보수적인 회계처리보다는 낙관적인 회계처리가 선호될 가능성이 있다. 이 경우 당기이익의 크기에 영향을 미치는 보수적인 회계처리가 기업가치에 미치는 영향이 완전히 배제될 수 없을 것이다. 이는 실증을 통해 확인될 과제이다.

2. 미기록영업권의 발생원인

한 시점에서의 기업의 시장가치와 회계에 의한 순장부가치의 차이(미기록영업권)는 여러 이유에서 나타날 수 있다.

우선, FO(1995)모형에 따르면 시가와 순장부가치의 일시적인 차이는 미래 일정기간 동안 존재하는 양의 순현가투자기회의 존재에 의해 야기된다. 이익기회는 경쟁을 통해 단기간에 소멸되므로 이 경우 회계는 불편회계가 된다. 그러나 만약 양의 순현가투자기회가 지속적으로 존재하는 경우에 시가와 순장부가치는 장기적(평균적)으로 차이가 날 것이다.[40]

둘째, 경영 또는 전략상 기업고유의 우위요인에 의해 미기록영업권이 나타날 수 있다. 시장침투전략 또는 인적자원개발프로그램 등이 그러한 예이다.[41] 특정기업이 타 기업에 비해 우월한 시장침투전략과 경영능력 및 우수한 인적자원 등을 소유한 경우에 미래 비정상이익이 경쟁에 의해 해소되지 않을 가능성이 있다.

셋째, 보수적인 회계처리 또는 자의적인 회계처리에 의해 발생한다. 보수적인 또는 자의적인 회계처리는 특정시점에 이익의 증가(감소)는 다른 시점의 이익의 감소(증가)를 야기하므로 회계이익의 기간 간 조

---

40) Penman(1992)
41) Bernard(1993)는 주가순장부가비율(PBR)과 회계방법·자산구조·R&D 비용수준 등 주요 보수주의회계지표 간 무관한 실증결과에 대해 시장침투전략·인적자원개발프로그램 등이 주가와 순장부가의 차이를 야기하는 것으로 판단하였다.

정행위로 이해된다. 앞서 살펴본 바와 같이 이러한 행위는 장기적으로
이익의 크기에 영향을 미치지 않으며 경제적 실질을 변화시키지 않으
므로 이러한 원인에 의한 시가와 순장부가치의 차이는 해소될 것이다.

보수주의회계는 미기록영업권이 지속되는 경우로 양의 순투자기회의
지속, 경영 또는 기업고유의 전략적 우위요인에 의해서 나타난다.

3. 보수주의회계가 투자성과에 미치는 영향

기존 주가이익비율(PER), 주가장부가치비율(PBR)에 의한 투자분
석에서는 주가와 이익 사이의 관계의 기대치가 횡단면적으로 일정하
다고 가정하고 있다. 이러한 가정에 입각한 기존 연구의 내재가치모형
(Implicit pricing model)과 가치평가모형(valuation model)은 다음과 같
이 표현될 수 있다.[42]

내재가치모형 ——————▷ 가치평가모형

$$P_{jt}/E_{jt} = F_t + \varepsilon_{jt} \qquad\qquad P_{jt} = F_t * E_{jt} + \varepsilon_{jt} * E_{jt}$$
$$P_{jt}/B_{jt} = H_t + \mu_{jt} \qquad\qquad P_{jt} = H_t * B_{jt} + \mu_{jt} * B_{jt}$$

단, F_t와 H_t는 각각 각 시점의 평균 PER와 PBR

ε_{jt}: j기업의 t시점 PER가 시장평균PER에서 이탈한 정도

μ_{jt}: j기업의 t시점 PBR가 시장평균PBR에서 이탈한 정도

P: 주당주가

E: 주당순이익

B: 주당순장부가치

---

42) Fairfield and Harris(1993).

이 식에서 $P^*_{jt}=F_t*E_{jt}$와 $P^*_{jt}=H_t*B_{jt}$는 이익 또는 순장부가치에 의할 경우 각 기업의 각 시점에서의 내재가치이며 $\varepsilon_{jt}*E_{jt}$, $\mu_{jt}*B_{jt}$는(상대적) 가격이탈의 측정치 즉, 가격이 회계수치에 의해 의미되는 내재적 가치로부터 이탈된 정도이다. 주가이익비율과 주가순장부가치비율이 평균회귀현상에로 의해 가격이탈의 측정치는 차기 이후에 해소될 부분이다. 이때 투자는 실제주가가 내재가치로부터 이탈된 정도를 이용하여 구성된 헷지포트폴리오에 의해 이루어진다.[43]

$$IVE_{jt}\equiv\frac{P_{jt}-P^*_{jt}}{P_{jt}}\equiv\frac{\varepsilon_{jt}*E_{jt}}{P_{jt}}\equiv\frac{P_{jt}/E_{jt}-F_t}{P_{jt}/E_{jt}}$$

$$IVB_{jt}\equiv\frac{P_{jt}-P^*_{jt}}{P_{jt}}\equiv\frac{\mu_{jt}*B_{jt}}{P_{jt}}\equiv\frac{P_{jt}/B_{jt}-H_t}{P_{jt}/B_{jt}}$$

단, IVE: PER를 이용한 헷지포트폴리오 구성기준

IVB: PBR를 이용한 헷지포트폴리오 구성기준

PER, PBR을 이용한 투자모형의 Ohlson(1993), Feltham and Ohlson(1995)과의 관련성은 다음과 같다.[44]

첫째, 불편회계인 경우에 선형기업가치평가모형에서 기타 정보를 고려하지 않을 경우 기업의 내재가치는 이익모형, 순장부가치모형의 가중합과 순영업자산에 대한 보수주의회계의 영향으로 구성된다. 이때 불편회계하에서 이익이 가치충분하면 PER와 순장부가치가 가치충분하면 PBR과 동일한 모형이 유도된다.

---

43) 실증연구에서는 투자분석을 위해 다음 지표가 많이 사용되고 있다.

$$IVE'_{jt}\equiv P_{jt}/E_{jt}-F_t$$
$$IVB'_{jt}\equiv P_{jt}/B_{jt}-H_t$$

44) Fairfield and Harris(1993)에서는 보수주의회계를 고려하지 않은 Ohlson(1995)의 선형모형과 PER, PBR모형을 비교하고 있다.

$$P^*_{jt} = k_j(\emptyset_j E_{jt} - d_{jt}) + (1 - k_j)BV_{jt} + \alpha_{j2}OA_{jt}$$

$$\emptyset = R_F/(R_F - 1)$$

$$k = w_{11}(R_F - 1)/(R_F - w_{11})$$

$$\emptyset_j = R_j/(R_j - 1)$$

$$k_j = w_{j11}(R_j - 1)/(R_j - w_{j11})$$

단, w_{11}: 비정상이익의 지속성

R : 1+위험조정할인율

d : 배당금

OA: 순영업자산

jt : j기업 t시점

k=1(이익이 가치충분)과 $F_t = \emptyset$ 이면 위의 모형은 PER 내재가치모형과 동일해진다. 다만, 이때 기업가치는 배당 전 주가를 의미한다. 한편, k=0(순장부가치가 가치충분)과 $H_t = 1$이면 PBR 내재가치모형과 동일해진다.

$$P^*_{jt} = \emptyset E_{jt} - d_{jt}$$
$$P^*_{jt} = \emptyset E_{jt}$$

$$P^*_{jt} = BV_{jt}$$
$$P^*_{jt} = BV_{jt}$$

각각의 경우 헷지포트폴리오 구성기준은 다음과 같다.

$$IVE_{jt} = \frac{PER_{jt} - F_t}{PER_{jt}} = \frac{PER_{jt} - \emptyset}{PER_{jt}}$$

$$IVB_{jt} = \frac{PBR_{jt} - H_t}{PBR_{jt}} = \frac{PBR_{jt} - 1}{PBR_{jt}}$$

둘째, 이익·순장부 가치와 보수주의회계를 함께 고려한 투자모형에 따르면 이익 또는 순장부가치가 가치충분하리라고 가정하는 것은 현실적이지 않으며 이익과 순장부가치는 가치평가 시 상호보완적일 것이다. 또한 앞서 살펴본 바와 같이 순영업자산에 대한 보수주의회계를 고려하는 것이 타당하다.

FO(1995)선형모형이 내재가치평가모형으로 타당하다면 기타 정보를 제외한 경우 내재가치는 아래 P_{jt}^{*}과 같다. 실제 관찰되는 기업가치와의 차이에 의해 투자포트폴리오를 구성할 때 기준은 IV_{jt}이다. 따라서 보수주의회계를 고려할 경우 PER, PBR모형의 투자수익률은 편의를 가진 것이다.

$$P_{jt}^{*} = k_j(\varnothing_j E_{jt} - d_{jt}) + (1 - k_j)BV_{jt} + \alpha_{j2}OA_{jt}$$

$$IV_{jt} = \frac{P_{jt} - P_{jt}^{*}}{P_{jt}} = \frac{P_{jt} - [k_j(\varnothing_j E_{jt} - d_{jt}) + (1 - k_j)BV_{jt} + \alpha_{j2}OA_{jt}]}{P_{jt}}$$

제3절 순수잉여관계를 벗어나는 회계처리의 예 – 전기오류수정항목

회계수치를 이용한 기업가치평가모형의 주된 가정인 순수잉여관계는 다음과 같은 특징을 지닌다.

첫째, 순수잉여관계(Clean Surplus Relation)는 기본적인 회계구조인

재무제표의 연계성을 반영한다. 순수잉여관계에 의하면 순장부가치의 증감은 이익과 배당에 의하며, 배당은 장부가로부터 지급되고 이익의 크기에 영향을 미치지 않는다. 발생주의 회계시스템하에서 배당은 손익계산서의 이익의 감소를 야기하지 않으며 이익의 처분사항으로 기말장부가의 감소를 가져온다.

둘째, 순수잉여관계하에서 이익개념은 이익에 대한 포괄주의를 의미한다.[45] 순장부가치의 증감은 이익과 배당에만 의하므로 순장부가치를 증가시키는 모든 요인은 이익에 포함되어야 한다. 순장부가치(자본)의 변동을 가져오는 모든 거래 즉, 반복적이고 경상적인 항목뿐만 아니라 비반복적이고 비경상적인 항목까지 손익계산서의 이익을 구성한다.

셋째, 순수잉여관계는 미래지향적이다. 순수잉여관계가 과거에도 유지되었는지는 무관하며 미래에 순수잉여관계가 유지되는지가 기업가치를 적절하게 평가하는 데 중요하다. 기업가치와 순장부가치의 차이는 예측된 미래회계이익에 의지하기 때문이다.

이러한 순수잉여관계의 특성을 벗어나는 대표적인 예는 전기오류수정손익에 대한 회계처리이다.[46] 개정 전 기업회계기준하에서 전기오류수정손익은 이익잉여금처분계산서의 전기이월이익잉여금의 수정을 통

---

45) Lundholm(1995)

46) 자산재평가는 이익에 의하지 않고 직접 순장부가치를 증가시키는 예이다. 자산재평가 차익은 당기 회계이익을 구성하지 않으며 자본을 증가시킨다. Easton et al.(1994)의 자산재평가를 고려한 가치평가모형을 명시적으로 제시하고 실증분석한 김권중(1997. 3)은 재평가의 정보가치를 보기위해 순수잉여관계를 수정하였다. 이익과 배당 외의 원천에 의한 순장부가의 변동으로는 재평가적립금과 전기오류수정손익 등이 포함된다.

$$BV_t = BV_{t-1} + X_t - D_t + DS_t$$

  단, BV: 순장부가
      X: 이익
      D: 배당
      DS: 이익과 배당 외의 원천에 의한 순장부가의 변동
이러한 가정하에서 기본모형은 다음과 같이 수정된다.

해 순장부가치를 증감시키는 반면, 개정된 기업회계기준하에서는 손익계산서의 특별손익으로 회계처리되어 당기손익의 증감을 통해 순장부가치를 증가시킨다. 그러나 어느 방법에 의하든 전기오류수정항목은 발생된 연도의 재무제표에 보고되지 않고 그 이후 연도에 보고되기 때문에 순수잉여관계를 벗어나게 된다. 다만 두 방법에 의할 경우 기업가치평가에 사용되는 회계이익의 수치가 달라지게 되며 어느 방법에 의할 경우 더 적절한 기업가치평가가 가능한가 하는 문제가 남게 된다. 이러한 관점에서 전기오류수정의 처리에 대한 기업회계기준의 개정에 대한 평가가 있어야 한다.

실증연구에 따르면 전기오류수정항목은 이익조정행위의 주된 도구로 사용된 것으로 나타났다.[47] 황인태(1996)는 전기오류수정항목을 이용하여 경영자가 보고이익을 조정하고 있음을 보였으며, 김문철·황인태(1996)는 전기오류수정항목을 이용한 이익조정행위가 이익증가가설에 부합됨을 검증하였다. 즉, 당기이익이 기대이익에 훨씬 미치지 못할 경우에 전기오류수정항목을 이용하여 보고이익을 증가시키는 반면, 당기이익이 기대이익을 상회하는 경우에는 보고이익을 낮추려는 노력을 하지 않는 것으로 나타났다. 이러한 결과에 대해 김문철·황인태(1996)는 우리나라 경영자들은 이익유연화를 통해 이익의 변동성을 낮추기보다는 높은 이익수준에 더 큰 비중을 두는 것으로 해석하였다. 이익조작을 방지하기 위해 전기오류수정을 당기손익계산과정에 포함시키고 있는 개정된 기업회계기준은 이러한 결과에 의하면 적절한 개정이라 하겠다.

그러나 전기오류수정에 대한 기준의 개정이 동 항목을 이용한 이익조작을 방지하려는 의도에 따른 것이더라도 전기오류수정항목이 보고

$$P_t = BV_t + \sum_{\tau=1}^{\infty} \rho^{-\tau} E_t[X^a_{t+\tau}] + \sum_{\tau=1}^{\infty} \rho^{-\tau} E_t[DS^a_{t+\tau}]$$

47) 황인태(1996), pp.177-199. 김문철·황인태(1996), pp.123-142.

연도의 기업가치평가에 영향을 미치는 회계정보로 단정할 수 없다. 순수잉여관계에 의하면 전기오류수정항목은 보고연도의 기업가치가 아니라 발생연도의 기업가치에 영향을 미치게 되기 때문이다. 시장이 효율적이어서 투자자들이 오류가 발생한 연도에 오류의 크기를 정확히 예측하고 발생연도의 주가에 반영한다면 실증적으로 이러한 결과를 기대할 수 있을 것이다. 즉, 순수잉여관계에 의하면 특정시점의 전기오류수정에 대한 경영자의 자의적인 회계처리는 그 시점의 기업가치평가에 영향이 없게 된다.

그런데 앞서 살펴본 바와 같이 미래회계이익의 예측에 의한 기업가치평가에는 순수잉여관계가 과거에 유지되었는지에 무관하게 미래 시점에 유지되는 것이 중요하다. 이때 단기간의 회계이익의 예측을 기초로 기업가치를 평가하거나 현재의 회계수치로 기업가치를 평가하는 경우에 전기오류수정항목을 통한 이익조절은 예측오차를 크게 하고 그에 따라 적절한 기업가치평가를 어렵게 한다. 따라서 적절한 기업가치를 평가하기 위해서는 전기오류수정항목을 발생연도에 포함시켜 이익을 예측해야 한다. 전기오류수정항목을 이익잉여금처분계산서에 포함시키지 않고 당기이익에 포함시킨 개정 기준이 전기오류수정항목을 이용한 경영자의 자의적인 이익조절을 방지한다면 적절한 이익예측이라는 관점에서 타당한 것으로 판단된다.

제5장 실증분석을 위한 연구과제 및 연구설계

　본 장에서는 앞서 논의한 내용을 토대로 연구모형을 유도하고, 연구과제별 가설을 설정한 후 변수의 측정 및 표본의 선정과정 등에 대해 살펴본다. 본 연구의 실증연구의 틀을 요약하면 〈그림 5-1〉과 같다.

　기업특성이 기업가치평가에 미치는 영향을 실증하기 위해 본 연구에서는 기업규모·부채비율·주주지분비율 등의 기업특성과 보수주의회계의 관계에 대한 추론을 검증하였다. 보수주의회계를 고려한 기업가치평가모형의 타당성을 살펴보기 위해서는 그 외의 과제를 실증하였으며, 그 결과를 FO(1995)모형의 보수주의회계, 순수잉여관계로부터의 추론과 비교하였다.

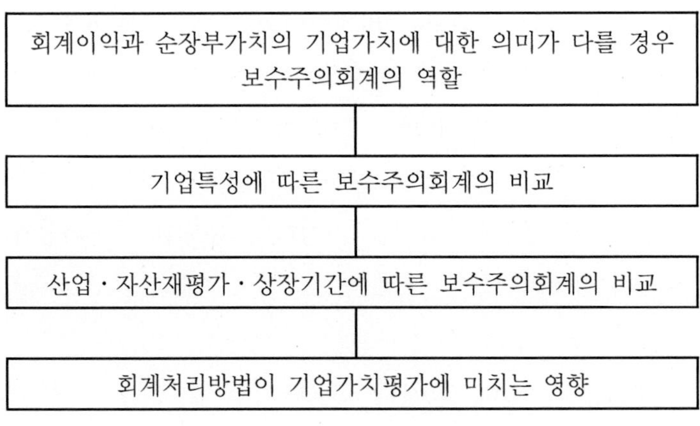

〈그림 5-1〉 실증연구의 틀

제1절 연구모형

Ohlson(1995), Feltham and Ohlson(1995)에서 기업의 가치는 순장부가치와 미래초과이익력의 합으로 구성되며 기본모형은 다음과 같다.

$$P_t = BV_t + \sum_{r=1}^{\infty} R_F^{-r} E_t[X_{t+r}^{a}]$$

단, P : 기업가치

BV: 순장부가치

X^a: 비정상이익

OA: 순영업자산

t : t시점

이 모형에서는 향후 기대되는 비정상이익을 예측하는 이익의 예측능력이 기업가치측정에 중요하다. 현재까지의 회계정보로부터 미래이익을 예측하는 것이 가능하다면 현재의 회계정보와 미래이익의 관계를 찾아내는 능력이 모형의 설명력에 큰 영향을 미친다. 이익과 순장부가치 및 기타 정보에 대해 선형정보과정을 가정하여 유도된 선형기업가치평가모형은 다음과 같다.

$$P_t = k(\varnothing X_t - D_t) + (1 - k)BV_t + \alpha_2 OA_t + \beta V_t$$

선형모형은 기본모형과 달리 이익의 예측능력에 의존하지 않지만 회계정보 및 기타 정보의 선형정보과정(LIM)의 타당성이 문제가 된다. 과거정보로부터 미래정보를 예측하는 것이 가능하다는 전제에 기초하고 있는 모형 단순화의 문제는 결국 실증연구의 대상이다. 본 연구에서는 회계정보 및 기타 정보의 선형정보과정이 타당하다는 가정하에 선형모형을 사용하기로 한다.

한편, 위의 FO(1995)선형모형에서 주가와 순장부가치는 배당 후의 주가와 배당 후의 순장부가치를 의미한다. 개정 전 기업회계기준에서 배당은 회계연도 말 이후에 확정되므로 회계연도 말 주가와 회계수치를 이용하기 위해 위의 모형을 다음과 같이 수정하여 주가와 순장부가치를 배당 전 수치로 대체한다.

$$P_t + D_t = k(\emptyset X_t - D_t) + (1-k)BV_t + a_2 OA_t + \beta V_t + D_t$$
$$= k\emptyset X_t + (1-k)(BV_t + D_t) + a_2 OA_t + \beta V_t$$

기타 정보를 배제하고 배당 전 주가와 배당 전 회계수치를 이용한 선형모형의 회귀모형은 $P_t = a + \beta_1 BV_t + \beta_2 X_t + \beta_3 OA_t + \varepsilon_t$이다. 이하 회귀모형에 주가($P_t$)는 배당 전 주가 즉, 회계연도말의 주가($P_t + D_t$)를 의미하며, 순장부가치($BV_t$)는 배당 전 순장부가치 즉, 회계연도말의 순장부가치($BV_t + D_t$)를 의미한다.

그러나 이 상태로 회귀식을 추정하면 생략된 변수문제(correlated omitted variables problem), 이분산문제(heteroscedasticity) 등이 심각해 질 수 있다.[48] 본 연구에서는 횡단면자료를 표본으로 이용하지만 이러한 문제를 고려하여 위의 선형모형의 양변을 순장부가치로 나눈 다음 회귀모형을 추정하기로 한다.

---

48) Christie(1987), 김권중(1997)에서 재인용.

$$\frac{P_j}{BV_j} = \beta_1 + \beta_2 \frac{X_j}{BV_j} + \beta_3 \frac{OA_j}{BV_j} + e_j$$

본 연구에서는 이 식을 횡단면자료에 적용하는데 이경우의 가정은 이익과 순장부가치에 대한 가중치가 기업별로 차이가 없다는 것이다. 기존의 PER, PBR을 이용한 투자분석연구에서 이익과 주가, 순장부가치와 배당의 비율이 모든 기업에서 같다고 가정하는 것처럼 여기에서도 이익과 순장부가치에 대한 가중치가 기업별 차이가 없다고 가정한다. 이론적인 관점에서 Ohlson모형에 의하면 모든 기업의 특정 요소들은 V에 반영되므로 k_j는 일정할 수 있다.[49]

위의 회귀식에서 불편회계의 경우에는 β_3가 0이 되어 순영업자산변수의 영향은 없으며 보수주의회계의 경우에는 β_3이 양의 값을 갖게 된다. β_3이 음인 경우도 가능하며 이는 순장부가치가 기업가치를 장기적(평균적)으로 초과하는 자유주의회계를 의미한다.

본 연구는 회계수치를 이용한 기업가치평가에서 보수주의회계의 정도가 기업특성에 따라 어떻게 달라지는지 검증하는 것이 목적이므로 동일한 기업특성을 지닌 기업들 내에서는 이러한 가중치에 차이가 없는 것으로 가정한다.

---

49) Easton and Harris(1991), p.4. 그러나 할인율이 같다고 하더라도 비정상이익의 지속성은 기업마다 다를 수 있다. 더욱이 불확실성하에서는 이익과 순장부가 등이 가치에 대해 갖는 의미가 기업별로 다를 것이므로 시계열 자료가 충분해지면 기업별 시계열 자료를 이용하여 가중치를 기업별로 추정하는 것이 타당할 것이다.

제2절 연구과제에 대한 가설 및 연구방법

1. 이익과 순장부가치의 기업가치에 대한 의미가 다를 경우 보수주의회계의 역할

기업가치평가 시 이익과 순장부가치 사이에 상호보완성과 순영업자산에 대한 보수주의회계의 역할을 확인하기 위해 기본회귀식을 PER와 PBR을 이용하여 구분한 9개의 기업군에 적용한다. PER, PBR의 상대적 크기에 따라 기업은 다음 9개 셀 중 하나에 속하게 된다. FO(1995) 모형에서 기업가치와 순장부가치는 배당 후 값이므로 PER, PBR 또한 배당 후 값에 의해 계산된다.

<table>
<tr><td rowspan="2"></td><td rowspan="2"></td><td colspan="3" align="center">PER</td></tr>
<tr><td align="center">고</td><td align="center">중</td><td align="center">저</td></tr>
<tr><td rowspan="3">PBR</td><td>고</td><td>고PER · 고PBR기업</td><td></td><td>저PER · 고PBR기업</td></tr>
<tr><td>중</td><td></td><td>중PER · 중PBR기업</td><td></td></tr>
<tr><td>저</td><td>고PER · 저PBR기업</td><td></td><td>저PER · 저PBR기업</td></tr>
</table>

각 셀의 표본에 대해 적용된 회귀식은 다음과 같다.

$$\frac{P_j}{BV_j} = \beta_1 + \beta_2 \frac{X_j}{BV_j} + \beta_3 \frac{OA_j}{BV_j} + e_j$$

단, P : 기업가치,
BV: 순장부가치,
X : 회계이익,
OA: 순영업자산
j: j기업

　이익과 순장부가치의 주가수준에 대한 예상을 근거로 각 기업군에 대해 위 회귀식을 적용함으로써 기대되는 결과는 다음과 같다. 이에 대한 논의는 제3장의 제2절에서 살펴보았다. PER, PBR모형과의 비교로부터 이익과 순장부가치를 함께 기업가치평가에 고려할 필요와 함께 보수주의회계를 고려한 기업가치평가모형의 타당성을 기대할 수 있을 것이다.

　첫째, 회계이익과 순장부가치가 기업가치의 수준에 대해 동일한 예상을 할 경우 회계이익과 순장부가치에 의해 기업가치를 설명하는 것이 가능하다.

　고PER이며 고PBR인 기업, 저PER이며 저PBR인 기업들은 회계이익에 의하든 순장부가치에 의하든 기업가치의 수준은 동일하게 예상된다. 회계이익·순장부가치 및 순영업자산에 대한 보수주의회계를 이용하여 기업가치를 평가할 때 순영업자산에 대한 보수주의회계의 역할은 거의 없을 것이다. 회계이익과 순장부가치에 의해 동일한 기업가치를 예상하므로 두 변수 각각 또는 상호보완적인 두 변수를 함께 이용하여 기업가치를 평가하는 것이 가능할 것이기 때문이다. 즉, 회계이익과 순장부가치에 의해 기업가치의 수준이 동일하게 예상될 경우 장기적으로 미기록 영업권(기업가치와 순장부가치의 차이)이 소멸될 가능성이 클 것이다.

　둘째, 회계이익과 순장부가치가 기업가치의 수준에 대해 서로 다른 예상을 할 경우 그러한 예상의 차이는 순영업자산에 대한 보수주의회계가 설명할 것이며, 보수주의회계의 계수는 고PER·저PBR기업에서는 양, 저PER·고PBR기업에서는 음일 것으로 예상된다.

　고PER이나 저PBR인 기업, 저PER이나 고PBR인 기업들은 회계이익과 순장부가치에 의해 기업가치 수준이 다르게 예상된다. 회계이익(순장부가치)이 순장부가치(회계이익)에 비해 기업가치를 정확하게 예상하고 있는 것으로 볼 수 있으나 순장부가치와 회계이익이 순수잉여관계로 연계되어 있는 가정에 의하면 이러한 가능성은 낮으며 순장부가치와 기업가치의 차이가 지속될 가능성이 크다. 이러한 기업가치수준에 대한 예상되는 차이를 순영업자산에 대한 보수주의회계가 설명한다면 고PER·저PBR기업, 저PER·고PBR기업의 보수주의회계 계수는 유의적일 것이다. 이때 미기록영업권이 지속되는 경우는 현재의 기업가치와 순장부가치의 차이가 미래에도 계속되는 것이므로, PBR 값으로부터 보수주의회계의 계수가 고PER·저PBR기업에 대해서는 음, 저PER·고PBR기업에 대해서는 양일 것으로 예상된다.

2. 기업특성에 따른 보수주의회계의 비교

Feltham and Ohlson(1995)의 회계정보를 이용한 기업가치평가모형에서 순영업자산에 대한 보수주의회계는 기업가치에 양의 영향을 미친다. 그런데 제3장 제2절에서 살펴본 바와 같이 보수주의회계는 기업가치와 순장부가치의 차이가 장기적으로(평균적으로) 해소되지 않는다는 개념으로 단순히 회계처리방법의 차이로 설명할 수 없다. 그런데 주요 기업특성과 모형의 보수주의회계 계수 사이에 관계가 존재한다면 이러한 기업특성변수를 이용하여 보수주의회계의 정도를 예상하고 좀 더 정확한 기업가치를 평가하는 것이 가능할 것이다.

본 연구에서는 기업특성변수로 기업규모, 부채비율, 소수주주지분비율을 사용하였다. 이 변수들은 실증회계연구에서 기업의 정치적비용과 계약비용의 크기를 측정하기 위해 주로 사용되는 것으로 그 결과 기업의 이익조정행위에 영향을 미친다고 예상되는 것들이다. 실증회계연구에 의하면 다른 조건이 일정한 경우에 기업규모가 클수록, 부채비율이 낮을수록, 주주지분이 분산되어 있을수록 경영자는 보고이익을 당기에서 미래기간으로 이연하는 회계절차를 선택할 가능성이 커진다.

　실증회계연구 가설에 대한 기존의 연구들은 대체로 이론에 부합되는 실증결과를 보여주고 있다. Zmijewski and Hagerman(1981)은 회계절차의 포트폴리오를 이용하여 세 가설에 부합하는 실증결과를 얻었으며, Daley and Vigerland(1983)는 연구개발비를 자본화하는 방법과 그렇지 않은 방법에 대한 경영자의 선택이 부채계약가설과 규모가설에 일치함을 실증하였다. Warfield, Wild and Wild(1995)는 경영자의 지분과 발생회계조정의 크기 사이에 역의 관계를 보임으로써 보너스계획가설을 실증하였다. 우리나라의 연구로서 조성표(1990)는 기업규모와 준조세를 포함한 조세의 크기와의 관련성을 보였으며, 황인태(1996)는 이익조절을 위한 회계정책의 대용치로 전기오류수정손익항목을 사용하여 규모가설과 부채지분가설을 검증하였다.

　한편, 위의 기업특성변수들은 순장부가치의 크기에도 영향을 미친다. FO(1995)모형에서 정상이익은 순장부가치와 할인율에 의해 계산되는데 기업규모, 부채비율, 소수주주지분비율 등의 기업특성변수는 순장부가치를 통해 정상이익의 크기에 영향을 미친다. 따라서 기업특성변수는 당기에 보고되는 이익과 정상이익 양자에 모두 영향을 미치며 그 관계는 다음과 같다. 기업특성변수와 비정상이익의 크기의 관계는 보고이익과 정상이익과의 관련성을 통해 연결된다.

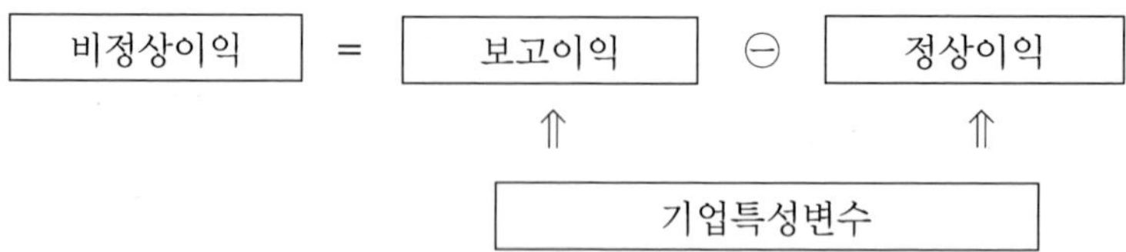

〈그림 5-2〉 기업특성변수와 비정상이익의 관계

경쟁상황하에서는 비정상이익이 소멸되므로 비정상이익이 존재하는 경우는 순영업자산의 과소기록이 원인일 것이다. 따라서 비정상이익이 큰 경우는 작은 경우에 비해 순영업자산의 과소기록이 크고 그 결과 보수주의회계의 정도가 클 것으로 판단된다.

실증회계연구에서는 기업특성에 따른 이익의 보고 양상에 대해 추론하고 있지만 기업특성이 기업가치평가에 미치는 영향에 대해서는 직접적으로 알려주지 못한다. 즉, 보고이익의 크기결정을 위한 경영자의 회계절차의 선택행위를 설명하고 있을 뿐이며, 그러한 경영자의 행위가 기업가치에 미치는 영향은 실증회계연구으로부터 추론할 수 없다. 그런데 FO(1995)모형에서 보수주의회계가 기업특성변수에 의해 영향을 받는다면 기업특성이 기업가치에 미치는 영향을 이해하는 것이 가능하다. 보수주의회계는 기업가치평가 시 회계이익과 순장부가치가 제공하지 못하는 기업가치관련 정보를 제공하는데, 기업특성변수와 보수주의회계의 관련성을 통해 기업특성변수가 기업가치평가에 미치는 영향의 방향을 확인하는 것이 가능해지는 것이다.

1) 기업규모와 보수주의회계

실증회계연구의 규모가설에 의하면 다른 조건이 일정한 경우에 기업규모가 작을수록 경영자는 보고이익을 미래기간에서 당기로 이연하는 회계절차를 선택할 가능성이 크다. 한편, 다른 조건이 동일한 경우 기업규모가 작을수록 기초의 순장부가치가 작아지므로 정상이익은 작아질 것이다.

따라서 다른 조건이 동일할 경우 기업규모가 작을수록 정상이익이 작아지는 반면 보고되는 회계이익이 커지게 되어 그 차이인 비정상이익이 커진다. 경쟁상황하에서 존재하는 비정상이익은 순영업자산의 과소기록이 원인이므로, 기업규모가 작을수록 보수주의회계의 정도가 클 것이다.

귀무가설(H_0): 기업규모와 보수주의회계의 정도는 차이가 없다.
대립가설(H_a): 기업규모가 작을수록 보수주의회계적이다.

2) 부채비율과 보수주의회계

다른 조건이 같다면 부채비율이 높을수록 순장부가치는 작아지게 되고 그에 따라 정상이익이 작아지게 된다. 한편, 실증회계연구의 부채비율가설에 의하면 다른 조건이 일정한 경우에 부채비율이 높을수록 경영자는 보고이익을 미래기간으로부터 당기로 이전하는 회계절차를 선택하려 한다.

따라서 다른 조건이 동일할 경우 부채비율이 높을수록 정상이익이 작아지는 반면 보고되는 회계이익이 커지게 되어 비정상이익이 커진다. 경쟁상황하에서 존재하는 비정상이익은 순영업자산의 과소기록이 원인이므로, 부채비율이 높을수록 보수주의회계의 정도가 클 것이다.

귀무가설(H_0): 부채비율과 보수주의회계의 정도는 차이가 없다.
대립가설(H_a): 부채비율이 높을수록 보수주의회계적이다.

3) 소수주주지분비율과 보수주의회계

순장부가치는 기업의 주인인 주주의 회계상 몫이라 할 수 있는데 주식이 분산되어 있는 경우에는 경영을 행사하는 실질적 주인은 대주주라 하겠다. 소수주주의 몫을 일종의 부채라 한다면 다른 조건이 같은 경우에 소수주주지분비율이 높을수록 순장부가치는 작아지게 되고 그에 따라 정상이익이 작아지게 된다. 한편 실증회계연구의 보너스계획가설에 의하면 다른 조건이 일정하다면 보너스계획을 채택하고 있는 기업의 경영자는 보고이익을 미래기간으로부터 당기로 이전시키는 회계절차를 선택하려 한다. 그런데 기업의 소유가 분산되어 있는 상황에서는 기업의 성과와 경영자의 노력을 일치시키는 보너스계획을 채택할 가능성이 크다. 따라서 소수주주지분비율이 높을수록 경영자는 보고이익을 미래기간으로부터 당기로 이전하는 회계절차를 선택하려 한다.

따라서 다른 조건이 동일할 경우 소수주주지분비율이 클수록 정상이익이 작아지는 반면 보고되는 회계이익이 커지게 되어 비정상이익이 커진다. 경쟁상황하에서 존재하는 비정상이익은 순영업자산의 과소기록이 원인이므로, 소유가 분산되어 있을수록(소수주주지분비율이 높을수록) 보수주의회계의 정도가 클 것이다.

귀무가설(H_0): 소유의 분산정도와 보수주의회계의 정도는 차이가 없다.

대립가설(H_a): 소유가 분산되어있을수록 보수주의회계적일 것이다.

이상의 가설과 이를 검증하기 위해 사용된 회귀식은 다음과 같다.

기업특성과 보수주의회계 사이에 예상되는 부호

	기업규모	부채비율	소수주주지분비율
예상부호	-	+	+

$$\frac{P}{BV} = \beta_0 + \beta_1 \frac{X}{BV} + \beta_2 \frac{OA}{BV}$$
$$+ \beta_3 SIZE \frac{OA}{BV} + \beta_4 DEBT \frac{OA}{BV} + \beta_5 OWN \frac{OA}{BV} + e$$

단, P : 기업가치,

BV : 순장부가치,

X : 회계이익

OA : 순영업자산

SIZE : 기업규모

DEBT: 부채비율

OWN: 소수주주지분비율

3. 산업·자산재평가·상장기간에 따른 보수주의회계의 비교

추가 실증분석에서는 위 기업특성 외에 보수주의회계의 정도를 결정하는 변수로 산업, 자산재평가여부 및 자산재평가 후 경과기간, 상장기간 등을 고려하였다. 관련 실증결과로부터 보수주의회계를 고려한 기업가치평가모형의 타당성을 확인할 수 있을 것이다.

1) 산업별 보수주의회계의 비교

타 산업에 비해 특정산업의 경우 순영업자산에 대한 비중이 높고 향후 기대되는 투자수익률의 지속성에 차이가 있을 수 있는데 독과점과 진입장벽 등의 경제적 혜택이 보수주의회계의 원인일 수 있다. 따라서 경쟁이 치열한 산업에서는 보수주의회계일 가능성이 낮을 것으로 예상된다. 그러나 본 연구에서는 횡단면분석을 하므로 표본이 충분한 산업에 대해서만 실증을 하였다.

2) 자산재평가에 따른 보수주의회계의 비교

자산재평가는 기업의 순장부가치를 시장가치에 접근시키는 회계처리로서 자산재평가 결과 미기록영업권이 상당 감소하게 된다. 자산재평가 결과 순영업자산에 대한 과소기록이 감소할 것이며 그에 따라 보수주의회계의 정도가 감소할 가능성이 크다. 따라서 자산재평가를 하지 않은 기업은 자산재평가를 한 기업에 비해 보수주의회계의 정도가 클 것이다.

귀무가설(H_0): 자산재평가여부와 보수주의회계의 정도는 차이가 없다.

대립가설(H_a): 자산재평가를 하지 않은 기업이 자산재평가를 한 기업에 비해 보수주의회계적일 것이다.

한편, 자산재평가를 한 기업에 있어서는 자산재평가 후 기간이 경과됨에 따라 순영업자산에 대한 과소기록이 더 확대된다. 따라서 자산재평가를 한 기업으로서 자산재평가 후 기간이 오래 경과된 기업이 최근에 자산재평가를 한 기업보다 보수주의회계의 정도가 클 것으로 예상된다.

귀무가설(H_0): 자산재평가 후 경과기간과 보수주의회계의 정도는 차이가 없다.

대립가설(H_a): 자산재평가 후 경과기간이 긴 기업이 짧은 기업에 비해 보수주의회계적일 것이다.

3) 상장기간에 따른 보수주의회계의 비교

상장기간이 오래된 기업의 경우에는 최근 상장된 기업에 비해 역사적 원가에 의해 기록된 순영업자산에 대한 과소기록이 더 클 것이다. 즉, 상장기간이 오래된 기업은 그렇지 않은 기업에 비해 보수주의회계가 정도가 클 것으로 예상된다. 그러나 상장기간이 오래된 기업이라고 하더라도 상장 중에 자산재평가를 한 경우에는 이러한 효과가 상당 희석될 것이다. 따라서 상장기간과 보수주의회계의 정도 사이의 관계는 자산재평가여부와 함께 분석될 필요가 있다.

귀무가설(H_0): 상장기간과 보수주의회계의 정도는 차이가 없다.
대립가설(H_a): 상장기간이 긴 기업이 짧은 기업에 비해 보수주의회계적일 것이다.

이상의 가설들을 검증하기 위해 사용된 회귀식은 다음과 같다.

$$\frac{P}{BV} = \beta_0 + \beta_1 \frac{X}{BV} + \beta_2 \frac{OA}{BV} + e$$

단, P : 기업가치,
BV : 순장부가치,
X : 회계이익
OA : 순영업자산

4. 전기오류수정항목이 기업가치에 미치는 영향

순수잉여관계를 벗어나는 예인 전기오류수정이 기업가치평가에 어떠한 영향을 미치는지 실증함으로써 기대되는 연구의 의의는 다음과 같다.

첫째, 당기의 회계이익과 순장부가치에 의해 기업가치를 평가할 때 회계이익으로 당기순이익에 순전기오류수정이익을 포함하는 것이 타당한지 확인할 수 있다.

둘째, 전기오류수정항목이 보고연도의 기업가치가 아니라 발생연도의 기업가치에 반영된다면 보고형식과 무관하게 전기오류수정항목에 대해 실질적으로 순수잉여관계가 유지되는 셈이다.

셋째, 그동안 전기오류수정항목에 대해 경영자의 자의적인 회계처리가 존재했다면, 자의적 회계처리가 회계정보를 이용한 기업가치평가에 어떠한 영향을 미치는지 확인할 수 있다. 특정연도에 발생한 이익이 기대이익에 미달할 때 이익잉여금처분계산서상 전기오류수정손실을 통해 손익계산서에 보고되는 이익을 증가시킨다면(이익증가가설) 이는 보수적 회계처리 관습에 반대되는 경우라 할 수 있다. 따라서 보수적인 회계처리의 경우처럼 모형상 전기오류수정이익이 보고되는 연도의 기업가치에 미치는 영향은 없을 것으로 기대된다.

이를 검증하기 위한 회귀식은 다음과 같다.

$$\frac{P_{jt}}{BV_{jt}} = \beta_1 + \beta_2 \frac{X_{jt}}{BV_{jt}} + \beta_3 \frac{AD_{jt}}{BV_{jt}} + \beta_4 \frac{AD_{jt+1}}{BV_{jt}} + e_{jt}$$

단, P: 기업가치,

BV: 순장부가치,

X : 회계이익,

AD: 순전기오류수정이익

jt : t시점의 j기업

각 변수의 계수의 의미와 예상되는 부호는 다음과 같다.

우선, β_1과 β_2는 순장부가치와 이익이 기업가치에 미치는 영향을 의미한다. 이익 및 순장부가치는 기업가치에 대해 양의 관계에 있으므로 β_1과 β_2는 양(+)의 값을 가질 것이다.

둘째, β_3는 t기의 순전기오류수정이익/순장부가치의 t기의 기업가치/순장부가치에 대한 영향여부와 그 방향을 나타낸다. 전기오류수정이익은 보고연도 이전에 발생하였으므로 순수잉여관계에 의하면 이 변수의 계수는 유의적이지 않을 것으로 예상된다. 그러나 전기오류수정을 활용한 이익조절이 시장에서 보고연도에 정확히 예측되지 않는다면 이 변수의 계수는 유의적일 수 있다. 한편, 전기오류수정에 대한 이전 실증결과에서처럼 비기대이익의 부호에 따라 전기오류수정에 대한 회계처리가 기업마다 다르다면 이 변수의 계수에 대한 유의성도 이에 따라 차이를 보일 것이다.

셋째, β_4는 당기의 순전기오류수정이익/순장부가치가의 전기의 기업가치/순장부가치에 대한 영향을 나타낸다. 즉, 전기오류수정항목이 기업가치에 영향을 미치지 않는 경우 그 원인이 전기오류수정항목이 발생된 시점에 이미 기업가치에 반영되었기 때문인지 확인하기 위한 것이다. 이때의 가정은 특정연도에 보고되는 전기오류수정항목의 원인은 그 직전 해에 모두 귀속된다는 것이다. 변수는 순전기오류수정이익이 보고되는 연도의 주가와의 관계와 더불어 해석되어야 한다.

제3절 변수 및 표본

1. 변수의 측정

1) 기업가치(P)

기업가치는 기업의 내재가치로 본 연구에서는 주식의 총시장가치로 측정되었다. 그러나 시장이 비효율적이라면 총주식가치는 기업가치의 측정치로 타당하지 않다. 이러한 한계점에도 불구하고 기업가치를 직접 구하지 않는 이상 시장에서 관찰되는 총주식가치가 기업가치를 잘 대변하는 측정치라 할 수 있다. 총주식가치 계산에 사용되는 주식가격과 유통주식수는 보통주에 대한 것으로 우선주는 배제한다.

기업가치(P): 기말 보통주의 유통주식수 * 기말 주당 주식가치

2) 주요 재무제표 수치

① 순장부가치(BV)
순장부가치는 총자산에서 총부채를 차감한 잔액이다.

② 회계이익(X)·순전기오류수정이익(AD)·순전기오류수정이익을
　　포함한 당기순이익(XAD)
회계이익으로 경상이익(X2), 당기순이익(X1)과 전기오류수정항목을 포함한 당기순이익(XAD)을 사용한다. 기업가치평가에 전기오류수정항

목이 유의적인지 판단하는 경우 외에는 개정 기업회계기준에 부합되도록 실증분석에서 전기오류수정항목을 포함한 당기순이익을 이익수치로 사용한다.

③ 순영업자산(OA)

순영업자산은 장부가액이 장기적으로 시장가치에 수렴하지 않는 보수1주의회계가 이루어질 가능성이 큰 자산으로 본 연구에서는 재고자산＋유형자산, 재고자산＋고정자산로 측정한다.

3) 기업특성변수

실증회계연구(positive accounting theory)에서는 기업규모, 자본구조, 소유구조를 나타내는 기업특성변수로 주로 다음 변수들이 사용되고 있다.[50]

기업규모: 매출액, 총자산, 종업원수, 조세부담 등
자본구조: 부채비율, 이자부담비율, 회사채비중, 배당비율 등
소유구조: 대주주 1인 지분비율

---

50) 서정우, 홍창목, 회계학연구 제17호, p.139.

〈표 5-1〉 실증회계연구에 사용된 기업특성의 대리변수

	논 문	사용된 대리변수
기업규모	Zmijewski and Hagerman(1981)	순매출
	Zimmerman(1983)	매출액
	최종서(1990)	총종업원수
	조성표(1990)	총자산, 매출액
	황인태(1996)	매출액
자본구조	Zmijewski and Hagerman(1981)	부채비율(총부채/총자산)
	Dhaliwal(1982)	부채비율
	Daley and Vigeland(1983)	이자보상비율
	최종서(1990)	부채비율, 배당지급율
	이찬수, 반선섭(1992)	부채비용, 회사채비중
소유구조	박준완(1989)	대주주 1인의 지분비율
	최종서(1991)	대주주 1인의 지분비율
	반선섭(1992)	대주주 1인의 지분비율
	황인태(1996)	대주주 1인 및 그와 특수관계에 있는 자의 지분율

　실증회계연구에 사용된 기업특성의 대리변수는 〈표 5-1〉과 같다. 대체로 관련연구에서는 규모변수로 총자산과 매출액, 자본구조변수로 부채비율이 사용되고 있으며 소유구조변수로는 대주주 1인의 지분비율이 사용되고 있다. 이를 반영하여 본 연구에서도 규모변수로 순매출액과 총자산, 자본구조변수로 부채비율을 사용하였다. 다만, 소유구조변수로는 대주주 1인의 지분비율 대신 소수주주지분비율을 사용하였다. 이는 기존 연구의 결과가 만족스럽지 않고 기업들이 대주주 및 특수이해관계자의 지분을 줄여 보고할 가능성을 피하기 위해서이다.

　본 연구에서 사용된 기업특성의 대리변수는 다음과 같다.

① 기업규모(SIZE): ln(순매출액)(SIZE1) 또는 ln(총자산)(SIZE2)

② 부채비율(DEBT): 총부채/총자산

③ 소유구조(OWN) : 소수주주지분비율

④ 산업(IND) : 주가지수 중소분류에 따른 산업

2. 표본기업의 선정

본 연구에서는 1995년 12월 말 현재 한국증권거래소에 상장된 기업 중 다음 기준을 충족하는 기업을 표본으로 선정하였다. 표본 추출 기간은 1993년에서 1995년이며 다음 조건을 이 기간동안 모두 충족하는 경우에 표본으로 선택되었다.

1) 12월 결산법인인 제조업체로 재무제표 및 주석자료가 있는 기업

12월 결산법인인 제조업체를 선택한 것은 표본의 동질성을 확보하기 위해서이다. 12월 결산법인에 한정한 이유는 결산일이 다른 경우 서로 다른 외부경제여건에 의해 영향을 받으며 우리나라에서 결산일이 같은 기업은 대체로 특정 산업에 치중되어 있기 때문이다. 그리고 제조업체들은 은행, 단기금융, 증권, 보험 등의 금융업에 속한 기업들과 회계정보가 동질적이라고 보기 어렵다. 금융관련 산업은 다른 산업에 비해 영업환경이 다르며 규제가 심하다. 또한 재무제표의 구성항목에서도 차이가 있으며 동일한 계정과목이라고 하더라도 제조기업과는 그 의미가 이질적이다.

2) 감사의견이 적정의견인 기업

회계정보를 이용하여 기업가치를 평가하는 경우 회계정보의 신뢰성이 문제가 된다. 감사의견이 적정의견이 아닌 기업에 대해서는 회계정보와 기업가치의 상관성을 주장하기 어렵다.

3) 관리대상기업이 아닌 기업

관리대상기업은 관리대상이 아닌 기업과는 달리 재무제표의 수치가 정상적이지 않아 이상적으로 낮거나 높을 가능성이 크며 신뢰성이 낮다. 또한 관리대상기업의 주식은 거래가 부진하여 시장에서 적절한 기업가치가 평가되고 있지 않을 수 있다.

4) 당기순이익과 전기오류수정손익을 포함한 당기순이익이 양인 기업

회계정보를 이용하여 기업가치를 평가할 경우 회계이익이 음의 수치라면 이 수치가 기업가치에 미치는 영향을 해석하기 곤란하다. 전기오류수정손익을 당기순이익에 포함한 경우가 양의 수치를 가져야 하는 것도 본 연구에서 이 수치를 회계이익의 측정치로 사용하기 때문이다. 또한 개정된 기업회계기준에서는 전기오류수정손익이 당기순이익을 구성하고 있으므로 이를 연구에 반영하기 위해서이다.

5) 순자산, 순영업자산이 양인 기업

회계정보를 이용한 기업가치평가모형에 따르면 순장부가치 또한 양의 값을 가져야 한다. 순장부가치가 기업가치에 미치는 영향에 대해 음의 순장부가치의 값이 지니는 의미가 불분명해진다.

6) 1993년 1월 1일 이후에 상장된 기업

모형의 종속변수인 기업가치는 기말 주당주식가치와 유통주식수의 곱으로 계산되고 표본추출 기간이 1993년에서 1995년이므로 1994년 이후에 상장된 기업의 경우에는 종속변수를 측정할 수 없다.

〈표 5-2〉 표본기업의 선정과정

선정기준	표본기업수
12월 결산, 제조업체로 재무제표 및 주석자료가 있는 기업	532
－감사의견이 적정의견이 아닌 기업	-57
－관리대상인 기업	-8
－당기순이익이 음인 기업	-101
－전기오류수정손익을 포함한 당기순이익이 음인 기업	-25
－순자산, 영업자산이 음인 기업	-0
－93년 1월 1일 이후에 상장된 기업	-48
표본기업수	293

이상의 6가지 기준을 충족시키는 기업은 293개로 3개년의 자료를 풀링할 경우 총 표본수는 879개이다. 표본선정기준에 따른 표본기업수는 〈표 5-2〉와 같다. 〈표 5-3〉은 산업별로 표본 기업을 분류한 결과이다. 표본 293개 기업은 29개의 산업에 고르게 분포되어 있어 표본추출과정에 偏倚(bias)는 없는 것으로 보인다.

〈표 5-3〉 표본기업의 산업별 분포

산 업	기 업	산 업	기 업
음식료품제조업(15)	15	의료, 정밀, 광학기계 및 시계제조업(33)	1
섬유제품제조업(17)	20	자동차 및 트레일러 제조업(34)	13
의복 및 모피제품제조업(18)	9	기타 운송장비제조업(35)	1
가죽, 가방, 마구류 및 신발제조업(19)	6	가구 및 기타 제조업(36)	1
펄프, 종이 및 종이제품 제조업(21)	9	전기, 가스 및 증기업(40)	2
코크스, 석유정제, 핵연료(23)	4	건설업(45)	26
화합물 및 화학제품 제조업(24)	43	자동차판매 및 수리업(50)	2
고무, 플라스틱제품제조업(25)	8	도매 및 상품중개업(51)	20
비금속광물제품제조업(26)	14	소매업(52)	2
제1차금속산업(27)	22	숙박 및 음식업(55)	1
조립금속제품제조업(28)	8	육상 및 파이프라인운송(60)	8
기계 및 장비제조업(29)	8	수상운송업(61)	1
사무, 계산 및 회계용기계제조업(30)	6	항공운수업(62)	1
전기기계 및 전기변환장치제조업(31)	11	통신업(64)	2
영상, 음향 및 통신장비 제조업(32)	29	-	

1) ( ) 안의 숫자는 산업분류 코드

〈표 5-4〉는 표본기업들을 대상으로 자산재평가를 실시한 표본의 연도별·산업별 빈도에 관한 자료이다. 표본 293개 기업 중 81년에서 95년 사이에 자산재평가를 실시한 기업은 214개 기업이며 이중 1개 기업은 3번, 40개 기업은 2번의 자산재평가를 실시하여 총 자산재평가는 256회였다. 또한 자산재평가는 연도와 산업별로 차이를 보이고 있다. 연도별로는 81, 82, 84, 88, 89년에 자산재평가의 빈도가 크며 산업별로는 음식료품제조업·섬유제품제조업·화합물 및 화학제품제조업·제1차금속산업·영상 음향 및 통신장비제조업·자동차 및 트레일러제조업·건설업 등의 산업에서 자산재평가의 빈도가 컸다. 산업별 자산재평가 빈도의 차이는 도매 및 상품중개업을 제외하고는 〈표 5-3〉 표본기업의

산업별분포의 차이와 거의 유사하였다. 도매 및 상품 중개업은 업종 특성상 일반적으로 자산재평가의 대상 산업이 아니다.

<표 5-4> 자산재평가의 연도별 산업별 분포

연도 산업	81	82	83	84	85	86	87	88	89	90	91	92	93	94	95	계
15	1	4	2	3			1	3	1						3	18
17	4	1	1			1	1	5	2			2			1	18
18				1				3	1							5
19		1					1		3							5
21	1	1	1	1				4			1				1	10
23			1					2			1					4
24	7	3	1	6	3		1	6	5	1	1	3	2		2	41
25	2			1				2	1							6
26	4	1	2	2						1		1	3		1	15
27	2	3		4				5	5			1	1	1	1	23
28		1						1	1						1	4
29		1	1	1				2					3			8
30								2	1							3
31	1	1		1				1	6	1		1				12
32	3	1		5		1		4	4		2		1			21
34	3	1	2	1	1			5	2			1	1			17
36												1				1
40		1														1
45	3	1	1	3		1			5			2	2			18
50	1								1		1					3
51		2		3				3	2	1						11
52								1								1
55										1						1
60			1	1			1	2	1				1		1	8
61				1												1
62			1													1
계	32	23	14	34	4	3	5	51	41	5	6	12	14	1	11	256

1) 산업분류코드는 <표 5-3> 참조

3. 자료원

주가자료, 회계수치 및 주석자료는 다음 자료원으로부터 입수하였다. 한국신용평가(주)의 KIS-FAS 자료로부터 당기순이익, 순장부가치, 순전기오류수정이익, 총자산, 순매출액, 총부채, 발행주식수 등의 재무제표 수치를 얻고, 소수주주지분비율, 주요 회계처리방법, 감사의견 등은 주석자료로부터 입수하였다. 상장연도, 업종, 산업자료는 한국신용평가(주)의 KIS-SMAT 자료로부터 얻었다. 그리고 주가자료는 한국경제연구원 KSRI 자료로부터, 자산재평가자료는 한국상장회사협의회의 상장회사 DATA BASE로부터 각각 수집하였다. 관리대상기업은 증권시장지를 통해 확인하였다.

제6장 연구과제별 실증결과

본 연구에서는 앞서 논의된 각 연구과제에 대해 실증결과를 제시하고 그 의미와 문제점을 살펴본다.

제1절 이익과 순장부가치의 기업가치에 대한 의미가 다를 경우 보수주의회계의 역할

1. 기초통계량

회계이익과 순장부가치가 기업가치의 수준에 대해 의미하는 바를 기준으로 기업을 구분하고 각 집단에 대해 보수주의회계를 고려한 기업가치 평가모형을 적용함으로써 회계이익과 순장부가치를 이용하여 기업가치를 평가할 때 상호보완성과 그때 보수주의회계의 영향을 살펴볼 수 있다.

표본에 포함된 293개 기업의 3년간 자료에 대해 분석에 이용되는 주요 변수의 간단한 기술통계를 살펴보면 다음과 같다. 〈표 6-1〉은 93년-95년의 풀링자료에 대한 기초통계량이다.

첫째, 기업가치와 순장부가치를 비교해보면 평균적으로 기업가치가 순장부가치의 1.4배 수준이었다. 기업에 따라서는 순장부가치와 기업가치 사이에 차이가 현격히 나타나지만 표준편차는 그리 크지 않은 것으로 나타났다. 순장부가치는 기업가치를 적시에 반영하고 있지 못하지만 순장부가치는 발생주의회계에 의해 제공되는 기업가치로 해석될 수 있다. 그러나 본 연구는 횡단면 자료를 이용한 분석이며 순장부가치와 기업가치의 평균적인 차이가 미래에 지속될 것으로 판단할 수 없으므로

114

보수주의회계가 일반적인 것으로 해석할 수는 없다.

둘째, 순장부가치 대비 당기순이익은 평균적으로 7.4% 수준이었으며 경상이익은 9.9% 수준이었다. 본 연구의 모형에 의하면 순장부가치와 무위험할인율의 곱이 정상이익으로 해석되는데 이 값은 무위험수익률에 미치지 못하는 것으로 보인다. 더욱이 위험을 고려할 경우 할인율은 높아지므로 평균적인 수익성은 저조한 것으로 나타났다.

셋째, 평균적으로 기업들은 순전기오류수정손실을 보고하며 이는 순장부가치 대비 0.5% 수준이다. 이를 순이익 대비로 보면 6.86%에 달한다. 즉 기업들은 이익잉여금처분계산서에 순전기오류수정손실을 보고함으로써 평균적으로 당기순이익을 과대보고하고 있다.

넷째, 순영업자산의 측정치인(유형자산＋재고자산), (고정자산＋재고자산)은 순장부가치 대비 차이가 거의 없는 것으로 나타났다. 유형자산＋재고자산은 순장부가치의 1.46배 수준으로 기업가치와 순장부가치의 평균적인 차이와 유사하였다. 그러나(유형자산＋재고자산)/순장부가치의 표준편차는 기업가치/순장부가치의 표준편차에 비해 월등히 높아 기업 간 차이가 두드러졌다. 이는 순장부가치가 회계에 의해 제공되는 기업가치인 반면(유형자산＋재고자산)의 장부가치는(유형자산＋재고자산)의 시장가치와의 차이에 의해 보수주의회계에 영향을 미치기 때문이다.

〈표 6-2〉는 변수 간의 상관계수이다.

첫째, 회계이익/순장부가치와 기업가치/순장부가치는 유의적인 양의 관계에 있다. 상관계수는 회계이익이 경상이익인 경우가 당기순이익인 경우에 비해 다소 컸는데 이는 경상이익이 당기순이익에 비해 경상적인 이익항목을 반영하여 상대적으로 안정적이기 때문으로 판단된다.

둘째, 순전기오류수정이익/순장부가치는 다른 변수들과 상관관계는 작으며 비유의적이었다. 회귀분석에서 이 변수가 기업가치/순장부가치에 미치는 영향은 미미할 것으로 예상된다.

<표 6-1> 변수의 기초통계량

	평 균	표준편차	25%	50%	75%
P/BV	1.4056	0.0992	0.951	1.257	1.651
X1/BV	0.0742	0.0625	0.036	0.055	0.094
AD/BV	-0.0051	0.0101	-0.007	-0.002	0.000
X2/BV	0.0992	0.0802	0.048	0.077	0.128
OA1/BV	1.4595	0.8047	0.961	1.309	1.764
OA2/BV	1.4648	0.8100	0.962	1.316	1.779

1) 각 변수의 정의
   P: 기업가치, BV: 순장부가치,
   X: 회계이익으로 당기순이익(X1) 또는 경상이익(X2), AD: 순전기오류수정이익
   OA: 순영업자산으로 재고자산＋유형자산(OA1) 또는: 재고자산＋고정자산(OA2)
2) 표본수: 879개, 1993년-1995년 풀링자료

<표 6-2> 변수의 상관계수

	P/BV	X2/BV	X1/BV	AD/BV	OA1/BV
X2/BV	0.2928*				
X1/BV	0.2541*	0.7499*			
AD/BV	-0.0138	-0.070	0.0049		
OA1/BV	0.0263	-0.0486	-0.0560+	-0.1002*	
OA2/BV	0.0264	-0.0500	-0.0576+	-0.0992*	0.9998*

1) 각 변수의 정의
   P: 기업가치, BV: 순장부가치,
   X: 회계이익으로 당기순이익(X1) 또는 경상이익(X2), AD: 순전기오류수정이익,
   OA: 순영업자산으로 재고자산＋유형자산(OA1) 또는 재고자산＋고정자산(OA2)
2) 각 값은 양측검증의 피어슨 상관계수
3) *, #, +는 각각 1%, 5%, 10% 유의수준에서 유의적임
4) 표본수: 879개, 1993년-1995년 풀링자료

셋째, (재고자산＋유형자산)/순장부가치와(재고자산＋고정자산)/순장부
가치의 상관관계는 거의 1이었는데 이는 기업의 유형자산이 고정자산의 대
부분을 차지하기 때문이다. 따라서 본 연구에서는 순영업자산의 측정치로
(재고자산＋유형자산)을 사용하기로 한다.(재고자산＋유형자산)/순장부가

치 변수는 특히 순전기오류수정이익/순장부가치와 유의적인 음의 상관관계
를 보였다. 순전기오류수정이익의 크기에 따라 회귀식의 보수주의회계의 크
기가 다를 것으로 예상되며 회귀분석에서는 이를 고려할 필요가 있다.

〈표 6-3〉에서는 상관계수를 연도별로 살펴보았다.

대체로 3년간의 자료를 풀링한 결과와 일치하지만 순영업자산/순장
부가치와 기업가치/순장부가치의 상관계수는 연도별로 차이를 보이고
있다. 풀링자료에서 두 변수 간의 음의 관계는 94연도 자료에 대해서만
유의적인 것으로 나타났다. 그러나 음의 관계는 모든 연도에 유지되고
있으므로 변수 사이의 상관관계가 기간별로 어느 정도 안정적인 것으
로 보인다. 실증분석에서는 이러한 연도 간의 차이를 고려하기 위해 필
요에 따라 연도더미를 회귀식에 포함하기로 한다.

〈표 6-3〉 변수의 연도별 상관계수

	P/BV	X2/BV	X1/BV	AD/BV	OA1/BV
X2/BV	0.3222* 0.2509* 0.3153*				
X1/BV	0.2285* 0.2730* 0.2663*	0.6146* 0.7950* 0.8421*			
AD/BV	-0.0084 0.0043 0.0207	-0.0179 -0.0141 -0.0362	-0.0055 0.0421 -0.0154		
OA1/BV	0.0108 0.0543 0.0057	-0.1101 + 0.0322 -0.0768	-0.1069 + -0.0254 -0.0336	-0.0631 -0.1567* -0.0746	
OA2/BV	0.0110 0.0541 0.0057	-0.1114 + 0.0307 -0.0779	-0.1086 + -0.0270 -0.0349	-0.0620 -0.1553* -0.0742	0.9998* 0.9998* 0.9998*

1) 표본수: 각 연도 293개, 1993년-1995년
2) 변수의 정의, 유의성 검증방법은 〈표 6-2〉의 주) 참조

한편, PER, PBR의 상대적 크기에 따른 포트폴리오 1~포트폴리오 5는 다음과 같이 구분된다. 포트폴리오 1과 4는 회계이익과 순장부가치에 의할 때 주가수준에 대해 동일한 예상을 하는 경우이며 포트폴리오 2와 3은 상반되는 예상을 하는 경우이다.

<table>
<tr><td></td><td></td><td colspan="3" align="center">PER</td></tr>
<tr><td></td><td></td><td align="center">고</td><td align="center">중</td><td align="center">저</td></tr>
<tr><td rowspan="3">PBR</td><td>고</td><td>포트폴리오 1(PF 1)</td><td></td><td>포트폴리오 2(PF 2)</td></tr>
<tr><td>중</td><td></td><td>포트폴리오 5(PF 5)</td><td></td></tr>
<tr><td>저</td><td>포트폴리오 3(PF 3)</td><td></td><td>포트폴리오 4(PF 4)</td></tr>
</table>

기업을 PER, PBR의 크기에 따라 9개 포트폴리오로 구분하기 위해 사용된 기준은 다음과 같다. 여러 방법을 사용하여 기업을 구분한 것은 절대적으로 PER, PBR의 고저를 판단하기 어렵기 때문이다.

첫째, PER의 크기에 따라 기업을 고·중·저 PER 3개의 기업군으로 구분하고 이와 독립적으로 PBR의 크기에 따라 다시 기업을 고·중·저 PBR 3개의 기업군으로 구분하였다.(방법 1에 의한 포트폴리오 구성)

둘째, PER(또는 PBR)의 크기에 따라 고·중·저 PER(또는 PBR) 3개의 기업군으로 구분하고 각 기업군 내에서 PBR(또는 PER)의 크기에 따라 고·중·저 PBR(또는 PER) 기업군으로 세분하였다.(방법 2에 의한 포트폴리오 구성)

셋째, 제2장 제2절에서 논의된 순이익모형과 순장부가치모형으로부터 상대적 크기를 결정하였다. 이때 PER의 고·중·저 구분은 순이익모형에서 할인율을 가정하여 구분하였다. PBR의 고·중·저 구분은 순장부가치모형에서 일정범위를 가정하여 구분하였다.(방법 3에 의한 포트폴리오 구성)

[순장부가치모형] $P_t = BV_t$

[순이익모형] $P_t + d_t = \emptyset X_t$

118

단, P_t: t시점의 주가, BV_t: t시점의 순장부가치

$P_t + d_t$: 배당 전 t시점의 주가, X_t: t시점의 회계이익

$\varnothing = \rho/(\rho - 1)$, ρ: $1 + $할인율

- 고PBR: PBR〉1.2
- 중PBR: 0.8〈PBR〈1.2
- 저PBR: PBR〈0.8
- 고PER: PER〉13.5 즉, 할인율〈10%
- 중PER: 11.0〈PER〈13.5 즉, 10%〈할인율〈12%
- 저PER: PER〈11.0 즉, 할인율〉12%

〈표 6-4〉 PER, PBR의 기초통계량

	방법 1에 의해 포트폴리오를 구성한 경우			방법 2에 의해 포트폴리오를 구성하는 경우			방법 3에 의해 포트폴리오를 구성하는 경우		
	표본수	PER	PBR	표본수	PER	PBR	표본수	PER	PBR
PF 1	125	60.1215	2.3278	98	64.7372	2.5287	448	38.7914	1.7692
		(46.6071)	(0.9709)		(51.1434)	(1.0079)		(34.4772)	(0.7670)
PF 2	70	11.6171	1.18854	98	11.7283	1.7518	61	8.6079	1.5002
		(2.8143)	(0.4272)		(2.8002)	(0.4190)		(1.9742)	(0.3712)
PF 3	61	62.1234	0.8276	98	60.8020	0.9461	124	32.9108	0.7242
		(71.1780)	(0.1866)		(63.1658)	(0.2140)		(48.9309)	(0.1394)
PF 4	126	10.6302	0.8004	98	10.6564	0.7490	43	7.5390	0.7451
		(3.5912)	(0.1571)		(3.7702)	(0.1397)		(2.7440)	(0.1217)
PF 5	89	23.0769	1.2754	97	23.1009	1.2567	15	12.2643	0.9766
		(4.0546)	(0.1229)		(3.9455)	(0.1334)		(0.6642)	(0.0553)
PF 6	408	27.5910	1.3424	390	25.7205	1.3539	188	22.7427	1.1432
		(25.1330)	(0.5658)		(19.7150)	(0.5854)		(29.4018)	(0.4156)

1) PER, PBR의 값은 평균, ( ) 안은 표준편차임
2) 정의 포트폴리오 1(PF 1): 고PER·고PBR, 포트폴리오 2(PF 2): 저PER·고PBR,
　　　포트폴리오 3(PF 3): 고PER·저PBR, 포트폴리오 4(PF 4): 저PER·저PBR,
　　　포트폴리오 5(PF 5): 중PER·중PBR, 포트폴리오 6(PF 6): 그 외의 경우
3) 방법 1에 의한 포트폴리오 구성: 전체 표본을 동일 크기의 고·중·저PER(또는 PBR)로 구
　분한 후 포트폴리오 1~5 구성
4) 방법 2에 의한 포트폴리오 구성: 전체 표본을 동일 크기의 고·중·저PER로 구분한 후에 각
　고·중·저PER 표본을 다시 PBR로 동일 크기로 구분하여 포트폴리오 1~5 구성
5) 방법 3에 의한 포트폴리오 구성: 값에 의해 고·중·저PER(또는 PBR)을 결정하여 포트폴리
　오 1~5 구성. 가정은 본문 참조

<표 6-5> PER, PBR의 상관관계

	PF 1	PF 2	PF 3	PF 4	PF 5	PF 6
방법 1	0.1916#	0.0008	-0.2452+	-0.0190	0.0852	-0.0293
방법 2	0.1304	-0.0357	-0.1656	-0.0136	0.0645	0.0834+
방법 3	0.1974*	-0.1424	-0.1964#	0.2792+	-0.3151	-0.1243+

1) 각 수치는 피어슨 상관계수
2) *, #, +는 각각 1%, 5%, 10% 유의수준에서 유의적임
3) 정의 및 포트폴리오 구성방법은 <표 6-4>의 주) 참조
4) 전체 표본에 대한 PER, PBR의 상관계수는 18.16%였다.

<표 6-4>는 위 세 가지 방법을 적용하여 구성된 각 포트폴리오의 표본수, PER, PBR의 기술통계치이다. 총 표본수는 3개년간의 풀링자료 879개이다. 각 포트폴리오의 PER, PBR의 평균의 포트폴리오 간 비교로부터 세 방법이 포트폴리오를 적절하게 구분하고 있음을 보여준다. 그러나 방법 3에 의해 포트폴리오를 구성할 경우에는 각 포트폴리오의 PER, PBR의 편차가 크지 않으며 더욱이 포트폴리오에 따라서는 표본이 작아 분석이 어렵다.

각 방법별로 각 포트폴리오 내에서 PER와 PBR의 상관관계를 비교하면 <표 6-5>와 같다. 방법 1에 의할 경우 포트폴리오 1과 3에서 PER와 PBR의 상관관계가 유의적인 반면, 방법 2에 의할 경우 모든 포트폴리오에서 유의적이지 않았다.

따라서 방법 1과 방법 2 특히 방법 2에 의한 포트폴리오의 구분이 실증을 위한 적절한 구분 방법으로 판단된다. PER와 PBR 사이에 상관관계가 존재한다면 그로 인해 기업가치에 대한 회계이익과 순장부가치의 상호보완성이 나타날 수 있기 때문이다.

2. 실증분석

기업가치에 회계이익과 순장부가치가 미치는 상호보완성을 살펴보고 그 과정에 보수주의회계의 영향을 분석하기위해 실증모형으로는 보수주의회계를 고려한 회귀모형이 사용되었다. 그리고 회계이익으로는 순전기오류수정이익을 포함한 당기순이익을 사용하였다. 이는 제1절의 실증결과를 고려하고 또한 순전기오류수정이익을 당기순이익에 포함하도록 한 개정 기업회계기준을 반영하기 위해서이다.

〈표 6-6〉은 방법 2에 의해 구분된 각 포트폴리오에 회귀분석을 수행한 결과이며, 방법 1에 의한 결과는 〈표 6-7〉이다. 방법 3에 의한 결과는 포트폴리오의 구성방법으로 회계이익 또는 순장부가치와 기업가치 사이에 임의적인 가정을 두고 있으며 또한 표본의 수가 포트폴리오 간 차이가 심해 수용하기 어렵다. 따라서 〈표 6-6〉을 위주로 실증결과를 해석하면 다음과 같다.

첫째, 포트폴리오 4를 제외한 나머지 포트폴리오에서 회계이익(당기순이익＋순전기오류수정이익)/순장부가치는 기업가치/순장부가치에 유의적인 설명변수였다. 회계이익과 순장부가치는 기업가치를 결정하는 주된 회계수치이지만, 포트폴리오 4에서는 그러한 결과를 얻을 수 없었다. 저PER·저PBR인 포트폴리오 4는 기업가치의 수준이 낮게 예상되는 경우로 회계수치에 의해 기업가치를 평가하는 것이 부적절한 것으로 나타났다.

둘째, 순영업자산/순장부가치 변수는 포트폴리오 2와 3에서 유의적이었다. 포트폴리오 2와 3은 회계이익과 순장부가치가 기업가치에 대해 서로 다른 의미를 제시하는 포트폴리오로 이 경우 순영업자산에 대한 보수주의회계가 기업가치의 유의적인 설명변수였다.

〈표 6-6〉 보수주의회계의 비교: 방법 2에 의해 포트폴리오를 구성할 경우

설명변수	회귀계수(t값)				
	PF 1	PF 2	PF 3	PF 4	PF 5
상수항	1.657	1.162	0.829	0.777	1.089
	(6.707)*	(12.386)*	(15.293)*	(17.990)*	(19.081)*
XAD/BV	19.966	3.032	10.151	-0.035	2.681
	(5.312)*	(6.604)*	(5.163)*	(-0.206)	(3.116)*
OA1/BV	0.003	0.071	-0.045	-0.018	0.022
	(0.035)	(1.896)#	(-2.011)#	(-0.678)	(1.034)
adj R^2	0.215	0.332	0.236	-0.016	0.079
F값	14.264	25.100	15.961	0.239	5.139
Sig F	0.0000	0.0000	0.0000	0.7882	0.0076
표본수	98	98	98	98	97

1) 회귀모형: $\dfrac{P}{BV} = \beta_0 + \beta_1 \dfrac{XAD}{BV} + \beta_2 \dfrac{OA}{BV} + e$
2) 각 변수의 정의
   P: 기업가치, BV: 순장부가치,
   AD: 당기순이익＋순전기오류수정이익,
   OA1: 재고자산＋유형자산.
3) 포트폴리오 구성방법은 〈표 6-4〉 주) 참조
4) 포트폴리오
   포트폴리오 1(PF 1): 고PER·고PBR, 포트폴리오 2(PF 2): 저PER·고PBR,
   포트폴리오 3(PF 3): 고PER·저PBR, 포트폴리오 4(PF 4): 저PER·저PBR,
   포트폴리오 5(PF 5): 중PER·중PBR.
5) t값의 유의수준은 상수항과 더미변수에 대해서는 $\beta \neq 0$라는 양측검증의 결과이며, 그 외의 설명변수에 대해서는 $\beta > 0$ 또는 $\beta < 0$라는 단측검증의 결과임.
6) *, #, +는 각각 1%, 5%, 10% 유의수준에서 유의적임을 나타냄.

셋째, 순영업자산/순장부가치 변수의 회귀계수의 부호는 포트폴리오 2에서는 양, 포트폴리오 3에서는 음이었다. 회계이익과 순장부가치를 이용하여 기업가치를 평가할 경우 포트폴리오 2의 경우는 순영업자산에 대한 보수주의회계를 고려해야 하며, 포트폴리오 3의 경우는 자유주의회계를 고려해야 하는 것이다. 그리고 기업가치와 순장부가치의 현시점의 차이가 장기간 지속된다고 할 수는 없지만 포트폴리오 2와 3의 경우에는 그러한 차이가 지속되는 것으로 판단된다. 즉, 포트폴리오 구성기준에 따라 포트폴리오 2에서는 기업가치가 순장부가치를 초과하며 포트폴리오 3에서는 순장부가치가 기업가치를 초과할 가능성이 크다.

122

실제 방법 2에 의할 경우 PER와 PBR의 평균은 각각 포트폴리오 2에서는 11.73, 1.75였으며, 포트폴리오 3에서는 60.80, 0.95였다.

넷째, 수정된 R^2을 비교해 보면 포트폴리오 2가 가장 높았으며 포트폴리오 4는 음의 값으로 최하였다. 회계이익과 순장부가치가 기업가치에 서로 다른 의미를 지닐 때 영업자산에 대한 보수주의회계는 설명변수로 유의적이기 때문에 설명력이 높았다. 그러나 회계이익과 순장부가치가 기업가치에 대해 동일한 의미를 제공하더라도 기업가치의 수준이 낮을 때에는 모형의 설명력이 극히 낮았다. 이는 포트폴리오 4의 경우에 회계수치를 이용하여 기업가치를 평가하는 것이 부적절하다는 첫째의 결과와 의미가 같다.

한편, 〈표 6-7〉은 방법 1에 의해 포트폴리오를 구성한 경우로 회귀분석 결과는 〈표 6-6〉의 결과와 거의 동일한 것으로 나타났다.

〈표 6-7〉 보수주의회계의 비교: 방법 1에 의해 포트폴리오를 구성할 경우

설명변수	회귀계수(t값)				
	PF 1	PF 2	PF 3	PF 4	PF 5
상수항	1.438	1.341	0.705	0.781	1.122
	(6.937)*	(11.540)*	(13.924)*	(18.795)*	(20.197)*
XAD/BV	20.364	2.495	10.819	0.056	2.314
	(5.912)*	(4.619)*	(5.133)*	(0.302)	(2.864)*
OA1/BV	0.025	0.071	-0.034	0.011	0.024
	(0.343)	(1.614)+	(-1.708)#	(0.429)	(1.144)
adj R^2	0.210	0.367	0.308	-0.014	0.072
F값	17.525	13.240	14.375	0.128	4.426
Sig F	0.0000	0.0000	0.0000	0.8804	0.0148
표본수	125	70	61	126	89

1) -6): 〈표 6-6〉의 주) 참조

3. 실증결과의 요약

기업가치평가모형으로서 회계이익모형과 순장부가치모형은 기업가치에 대해 서로 다른 의미를 제공하는 경우가 있다. 이 경우 기업 또는 시점에 따라서 서로 다른 승수모형을 사용하는 것이 적합하다. 그러나 회계이익과 순장부가치가 기업가치평가에 상호보완적인 역할을 하고 또한 순영업자산에 대한 보수주의회계가 기업가치평가에 미치는 영향을 고려할 때 이러한 문제는 해소될 수 있을 것이다.

PER과 PBR의 상대적 크기에 따라 포트폴리오를 구성한 경우 회계이익과 순장부가치가 기업가치에 대해 서로 다른 의미를 제공하는 포트폴리오에서는 순영업자산에 대한 보수주의회계가 유의적인 설명변수였다. 또한 특정시점의 기업가치와 순장부가치의 차이가 장기적으로 지속된다고 할 수는 없지만 이들 포트폴리오에 대해서는 기업가치와 순장부가치의 차이가 지속되는 것으로 나타났다. 기업가치가 순장부가치보다 큰 포트폴리오 1의 경우에는 보수주의회계는 기업가치의 비유의적이었지만 포트폴리오 2의 경우에는 유의적이었다.

따라서 회계이익과 순장부가치가 기업가치에 서로 다른 의미를 제공할 때에는 회계이익과 순장부가치 사이의 상호보완성이 완전하지 않으며 그 차이를 순영업자산에 대한 보수주의회계가 설명하는 것으로 판단된다.

제2절 보수주의회계의 기업특성별 차이

1. 기초통계량

〈표 6-8〉과 〈표 6-9〉는 기업특성변수에 대한 기초통계량과 변수 간의 상관계수이다. 기업의 규모는 총자산과 순매출액으로 측정하였다.

〈표 6-8〉 기업특성변수의 기초통계량

	평 균	표준편차	25%	50%	75%
총자산	631,676,090	1,944,531,692	65,691,063	152,026,525	417,468,232
순매출액	659,208,064	1,939,591,850	54,593,443	127,878,984	352,321,695
부채비율	0.6260	0.1501	0.5343	0.6530	0.7341
소수주주 지분비율	0.4853	0.2799	0.371	0.541	0.687

1) 총자산과 순매출액의 단위: 천 원

〈표 6-9〉 기업특성변수의 상관계수

	총자산	순매출액	부채비율
순매출액	0.6593*		
부채비율	0.1169*	0.1847*	
소수주주지분비율	-0.0320	-0.0093	0.0528

1) 피어슨 상관계수로 유의성은 양측검증의 결과임.
2) *, #, +는 각각 1%, 5%, 10% 유의수준에서 유의적임.

기업규모의 측정변수인 총자산과 순매출액은 평균과 표준편차에서 큰 차이를 보이고 있지 않다. 총자산 대비 부채는 62.6%, 소수주주지분비율은 48.5% 수준이었다. 표준편차는 부채비율에 비해 소수주주지분비율의 경우가 더 높았다.

기업규모는 부채비율과 총자산의 경우 11.7%, 순매출액의 경우 18.5%의 유의적인 양의 상관관계를 보였지만, 소수주주지분비율과의 관계는 유의적이지 않았다. 기업규모와 부채비율의 양의 상관관계는 기업규모가 부채의존도와 밀접한 관련성이 있다는 기존 연구결과와 일치하는 결과이다.[51] 부채비율이 기업규모를 대리한다면 본 연구에서 기업규모변수가 유의적인 설명변수일 경우 부채비율에 대해 기대되는 결과를 얻기 어려울 것으로 예상된다.

2. 기업특성변수와 보수주의회계의 관계

1) 전체 표본을 대상으로 한 경우

〈표 6-10〉은 순영업자산에 대한 보수주의회계가 기업규모, 부채비율, 소수주주지분비율 등의 기업특성변수와 어떤 관계에 있는지 회귀분석한 결과이다. 회계이익은 순전기오류수정이익을 포함한 당기순이익이며 기업규모는 ln(총자산) 또는 ln(순매출액)에 의해 측정하였다. 회귀분석에 사용된 표본은 3개년간의 풀링자료이다.

첫째, 순영업자산/순장부가치가 종속변수에 대해 유의적인 설명변수였다. 이는 순영업자산에 대한 보수주의회계가 기업가치의 결정변수임을 의미한다.

둘째, 보수주의회계는 기업규모, 부채비율, 소수주주지분비율과 유의적인 관계에 있었으며 그 부호는 예상된 결과와 같았다. 즉, 기업규모는

---

51) 서정우, 홍창목(93)은 한국의 대기업은 그동안 많은 정치적혜택을 누려 부채비율이 부실경영이라기보다는 기업의 성장력과 정부교섭능력의 상징이고, 기업의 대출은 거의 대부분이 담보부대출이라서 담보력이 큰 대기업일수록 더욱 쉽게 타인자본을 조달할 수 있어,기업규모가 부채의존도와 밀접한 관련성이 있다고 주장한다.

126

보수주의회계와 음의 관계에 있어 기업가치에 음의 영향을 미치고 있으며, 부채비율과 소수주주지분비율은 보수주의회계와 양의 관계에 있어 기업가치에 양의 영향을 미치는 것으로 나타났다.

셋째, 연도더미를 포함한 모형에서는 연도변수가 유의적이었으며, 기업규모와 부채비율이 보수주의회계와 유의적인 관계에 있고 그 부호는 예상된 결과와 같았다. 그러나 소수주주지분비율은 비유의적이었다.

〈표 6-10〉 기업특성과 보수주의회계의 관계

설명변수	예상부호	회귀계수(t값)				
		모형 1	모형 2	모형 3	모형 4	모형5
상수항		1.149 (20.232)*	2.558 (7.892)*	2.482 (8.050)*	2.401 (7.848)*	2.346 (8.059)*
XAD/BV		2.869 (7.677)*	2.719 (7.398)*	2.756 (7.506)*	2.536 (7.311)*	2.566 (7.406)*
OA1/BV		0.040 (1.351)+	-0.532 (-3.126)*	-0.583 (-3.440)*	-0.477 (-2.969)*	-0.521 (-3.256)*
SIZE1*OA1/BV	-		-0.068 (-3.848)*		-0.058 (-3.460)*	
SIZE2*OA1/BV	-			-0.063 (-3.803)*		-0.054 (-3.454)*
DEBT*OA1/BV	+		0.616 (3.322)*	0.663 (3.554)*	0.680 (3.871)*	0.721 (4.089)*
OWN*OA1/BV	+		0.186 (3.684)*	0.188 (3.717)*	-0.056 (-1002)	-0.057 (-1.007)
Y94					0.327 (6.105)*	0.325 (6.057)*
Y95					-0.299 (-4.846)*	-0.304 (-4.930)*
adj R^2		0.062	0.100	0.100	0.200	0.200
F값		29.791	20.563	20.489	32.434	32.427
Sig F		0.0000	0.0000	0.0000	0.0000	0.0000

1) 회귀모형: $\dfrac{P}{BV} = \beta_0 + \beta_1 \dfrac{XAD}{BV} + \beta_2 \dfrac{OA}{BV} + \beta_3 SIZE \dfrac{OA}{BV} + \beta_4 DEBT \dfrac{OA}{BV} + \beta_5 OWN \dfrac{OA}{BV} + \beta_6 Y94 + \beta_7 Y95 + e$

2) 각 변수의 정의
   P: 기업가치, BV: 순장부가치, XAD: 당기순이익+순전기오류수정이익,
   OA1: 재고자산+유형자산, Y94: 94년=1 그 외 연도=0, Y95: 95연도=1 그 외 연도=0,
   SIZE1: ln(총자산) SIZE2: ln(순매출액), DEBT: 부채비율, OWN: 소수주주지분비율
3) t값의 유의수준은 상수항과 더미변수에 대해서는 $\beta \neq 0$ 라는 양측검증의 결과이며, 그 외의 설명변수에 대해서는 $\beta > 0$ 또는 $\beta < 0$ 라는 단측검증의 결과임.
4) *, #, +는 각각 1%, 5%, 10% 유의수준에서 유의적임을 나타냄.
5) 표본수는 92년-95년 풀링자료: 879개

그런데 기업규모, 부채비율, 소수주주지분비율 등의 변수를 추가로 고려한 모형에서는 순영업자산/순장부가치가 종속변수에 미치는 영향이 음이었다. 이러한 결과는 독립변수 간에 존재하는 다중공선성이 원인일 수 있다. 독립변수 간에 상관관계가 존재하는 경우 개별변수의 영향을 분리하기 어려우며 추정치는 그러한 영향을 정확히 나타내지 못한다. 더 많은 자료 또는 상관관계가 낮은 자료를 통해 이러한 문제를 해결할 수 있다.

본 연구에서는 표본을 동질적인 성격을 갖는 표본으로 분할하여 이러한 문제를 해결하고자 한다. 〈표 6-10〉의 표본에는 보수주의회계인 기업뿐만 아니라 불편회계인 기업, 자유주의회계인 기업 등이 포함되어 있으므로 이러한 표본의 이질성을 해소함으로써 다중공선성의 문제를 해결할 수 있을 것이다. 우선 미기록영업권의 부호에 따라 표본을 구분하고 그리고, 미기록영업권이 지속되는 보수주의회계·자유주의회계 표본을 대상으로 실증하기로 한다.

2) 순장부가치가 기업가치를 초과하는 표본을 분리한 경우

기업가치가 순장부가치를 초과하는 경우와 미달하는 경우 장기적(평균적)으로 이 차이가 해소되는 양상이 다를 수 있다. 이러한 차이가 계속 유지된다면 순영업자산에 대한 보수주의회계의 계수는 각각 양 또는 음일 것이다.

〈표 6-11〉은 기업가치와 순장부가치의 차이의 부호에 따라 3개년간의 풀링자료 표본을 분류하여 회귀분석을 실시한 결과이다. 기업가치가 순장부가치를 초과하는 경우는 624개로 순장부가치가 기업가치보다 큰 경우 255개보다 표본의 크기가 컸다.

첫째, 기업특성변수를 포함하지 않은 모형 1에서는 기업가치가 순장부가치를 초과하는 표본에서 순영업자산/순장부가치가 종속변수에 유의적인 설명변수였다. 이는 미기록영업권(기업가치-순장부가치)이 양인 표본에 미기록영업권이 지속되는 표본이 포함되어 있기 때문으로 판단된다.

둘째, 보수주의회계와 기업특성변수 사이의 관계에는 차이가 있었다. 미기록영업권이 양인 경우에는 기업규모·부채비율이, 미기록영업권이 음인 경우에는 부채비율·소수주주지분비율이 유의적이었다. 기업규모를 총자산으로 측정한 경우에는 미기록영업권이 음인 표본에서 기업규모 또한 예상되는 결과를 얻을 수 있었다.

〈표 6-11〉 기업특성과 보수주의회계의 관계: PBR의 크기에 따라
표본을 구분한 경우

설명변수	예상 부호	회귀계수(t값)					
		모형 1		모형 2		모형 3	
		P〈BV	P〉BV	P〈BV	P〉BV	P〈BV	P〉BV
상수항		0.794 (33.503)*	1.346 (20.378)*	1.103 (7.629)*	2.203 (5.866)*	0.950 (6.946)*	2.433 (6.844)*
XAD/BV		0.104 (0.672)	2.724 (6.182)*	0.025 (0.163)	2.659 (5.992)*	0.020 (0.134)	2.655 (6.011)*
OA1/BV		-0.009 (-0.742)	0.075 (2.214) #	-0.269 (-3.862)*	-0.226 (-1.109)	-0.278 (-3.986)*	-0.259 (-1.277)
SIZE1*OA1/BV	-			-0.011 (-1.424) +	-0.042 (-2.057) #		
SIZE2*OA1/BV	-					-0.003 (-0.351)	-0.054 (-2.853)*
DEBT*OA1/BV	+			0.282 (3.733)*	0.374 (1.693) #	0.280 (3.665)*	0.422 (1.903) #
OWN*OA1/BV	+			0.034 (2.020) #	0.025 (0.355)	0.035 (2.014) #	0.029 (0.415)
adj R^2		-0.003	0.060	0.062	0.066	0.055	0.072
F값		0.572	21.019	4.384	9.832	3.973	10.671
Sig F		0.5652	0.0000	0.0008	0.0000	0.0017	0.0000
표본수		255	624	255	624	255	624

1) 회귀모형; $\dfrac{P}{BV} = \beta_0 + \beta_1 \dfrac{XAD}{BV} + \beta_2 \dfrac{OA}{BV} + \beta_3 SIZE \dfrac{OA}{BV} + \beta_4 DEBT \dfrac{OA}{BV} + \beta_5 OWN \dfrac{OA}{BV} + \beta_6 Y94 + \beta_7 Y95 + e$

2) 각 변수의 정의
   P: 기업가치, BV: 순장부가치, XAD: 당기순이익+순전기오류수정이익,
   OA1: 재고자산+유형자산,
   Y94: 94년=1 그 외 연도=0, Y95: 95연도=1 그 외 연도=0,
   SIZE1: ln(총자산) SIZE2: ln(순매출액), DEBT: 부채비율, OWN: 소수주주지분비율
3) -5) 〈표 6-10〉의 주) 참조

셋째, 기업특성변수를 회귀모형에 포함할 경우 미기록영업권이 양인 표본에서는 순영업자산/순장부가치가 종속변수에 미치는 영향이 없는 반면, 미기록영업권이 음인 표본에서는 그 영향이 음인 것으로 나타났다. 특정시점에서 미기록영업권이 양인 경우에는 기업규모·부채비율이 미기록영업권을 설명하는 반면 미기록영업권이 음인 경우에는 부채비율·소수주주지분비율이 이를 완전히 설명하고 있지 못했다.

그런데 미기록영업권이 양 또는 음이라고 하더라도 이 차이가 장기적으로 지속되지는 않으므로 미기록영업권의 존재 자체로 보수주의회계·자유주의회계를 판단할 수 없다. 따라서 미기록영업권이 장기적으로 해소되지 않는 경우에 기업특성에 따른 보수주의회계의 정도를 살펴볼 필요가 있을 것이다.

3) 보수주의회계·자유주의회계로 표본을 구분한 경우

제2절의 결과에 의하면 회계이익과 순장부가치가 기업가치에 대해 서로 다른 의미를 가질 경우 순영업자산에 대한 과소기록이 기업가치에 대해 유의적인 설명변수였다. 이때 저PER·고PBR 포트폴리오에서는 보수주의회계가, 고PER·저PBR 포트폴리오에서는 자유주의회계가 사용되고 있었다. 이러한 결과를 반영하여 미기록영업권이 지속되는 경우 기업특성과 보수주의회계의 관계를 살펴보기로 한다.

〈표 6-12〉는 저PER·고PBR 포트폴리오, 고PER·저PBR 포트폴리오에 대한 실증결과이다. 저PER·고PBR 포트폴리오(PF 2)에서는 보수주의회계의 계수가 양이며, 고PER·저PBR 포트폴리오(PF 3)에서는 보수주의회계의 계수가 음이다. 〈표 6-11〉은 미기록영업권의 지속여부와 무관하게 분석시점에서 미기록영업권이 존재하는지에 따른 구분인 반면 〈표 6-12〉는 미기록영업권이 지속될 경우를 표본으로 한다.

첫째, 기업특성변수를 포함하지 않은 모형 1을 회귀모형으로 한 결과 순영업자산/순장부가치의 계수의 부호가 보수주의회계·자유주의회계를 나타내고 있다. 그리고 두 표본 모두에서 순전기오류수정이익을 포함한 당기순이익/순장부가치는 종속변수에 유의적인 설명변수였다. 이러한 결과는 특정시점에서 미기록영업권의 부호를 기준으로 표본을 분리한 〈표 6-11〉의 모형 1의 결과와 다르며, 기업특성이 보수주의회계에 미치는 영향을 분석하는 데 자료의 동질성을 더욱 확보해 주는 것으로 판단된다.

〈표 6-12〉 기업특성과 보수주의회계의 관계: 보수주의회계·자유주의회계로 본을 구분한 경우

설명변수	예상부호	회귀계수(t값)					
		모형 1		모형 2		모형 3	
		PF 2	PF 3	PF 2	PF 3	PF 2	PF 3
상수항		1.162 (12.386)*	0.829 (15.293)*	2.448 (5.333)*	0.653 (2.295) #	2.293 (5.012)*	0.578 (2.262) #
XDA/BV		3.032 (6.604)*	10.151 (5.163)*	2.954 (6.436)*	8.013 (4.053)*	2.971 (6.395)*	7.712 (3.887)*
OA1/BV		0.071 (1.896) #	-0.045 (-2.011) #	-0.169 (-0.560)	-0.234 (-1.957) #	-0.180 (-0.586)	-0.206 (-1.700) #
SIZE1*OA1/BV	-			-0.068 (-2.556)*	0.016 (1.082)		
SIZE2*OA1/BV	-					-0.060 (-2.209) #	0.020 (1.528) +
DEBT*OA1/BV	+			0.317 (1.001)	0.111 (0.828)	-0.104 (-0.120)	0.074 (0.536)
OWN*OA1/BV	+			0.064 (0.707)	0.100 (3.046)*	-0.027 (-0.121)	0.104 (3.174)*
adj R^2		0.332	0.236	0.377	0.306	0.367	0.315
F값		25.100	15.961	12.759	9.568	5.777	9.917
Sig. F		0.0000	0.0000	0.0000	0.0000	0.0001	0.0000
표본수		98	98	98	98	98	98

1) 회귀모형: $\dfrac{P}{BV} = \beta_0 + \beta_1 \dfrac{XAD}{BV} + \beta_2 \dfrac{OA}{BV} + \beta_3 SIZE \dfrac{OA}{BV} + \beta_4 DEBT \dfrac{OA}{BV} + \beta_5 OWN \dfrac{OA}{BV} + \beta_6 Y94 + \beta_7 Y95 + e$

2) 각 변수의 정의

P: 기업가치, BV: 순장부가치, XAD: 당기순이익+순전기오류수정이익,
A1: 재고자산+유형자산,
Y94: 94년=1 그 외 연도=0, Y95: 95연도=1 그 외 연도=0,
SIZE1: ln(총자산) SIZE2: ln(순매출액), DEBT: 부채비율, OWN: 소수주주지분비율

5) 포트폴리오 구성방법(방법 2)은 제2절 참조

PF 2: 저PER·고PBR 표본, PF 3: 고PER·저PBR

둘째, 저PER·고PBR 포트폴리오에서는 기업규모에 대해서만, 고PER·저PBR 포트폴리오에서는 순매출액으로 측정한 기업규모와 소수주주지분비율에 대해서 예상되는 결과를 얻었다.

셋째, 기업특성변수를 포함하지 않은 회귀분석에서 종속변수에 양의 관계에 있던 순영업자산/순장부가치 변수는 기업특성변수를 포함한 회귀분석에서는 유의적인 설명변수가 아니었다. 반면, 기업특성변수를 포함하지 않은 회귀분석에서 종속변수에 음의 관계에 있던 순영업자산/순장부가치 변수는 기업특성변수를 포함한 회귀분석에서도 유의적인 설명변수였다.

따라서 보수주의회계는 기업규모의 영향일 가능성이 크며, 자유주의회계는 매출액으로 측정된 기업규모와 소수주주지분비율뿐만 아니라 타 요인에 의해 영향을 받는 것으로 보인다.

3. 산업·자산재평가·상장기간에 따른 보수주의회계의 비교

1) 산업별 보수주의회계의 비교

〈표 6-13〉은 표본이 작은 경우는 회귀분석이 어려우므로 표본의 수가 60개 이상인 산업을 대상으로 회귀분석한 결과이다.

첫째, 산업에 따라 회계이익/순장부가치 변수가 기업가치/순장부가치를 설명하는 데 차이가 있다. 회계이익/순장부가치는 산업 27, 32, 51에서 유의적이며 산업 17, 24, 45에서 비유의적이었다.

둘째, 순영업자산/순장부가치는 모든 산업에서 유의적인 설명변수가 아니며 계수의 부호는 산업에 따라 차이가 있다.

그러나 이러한 결과로부터 산업은 보수주의회계의 정도와 무관한 것으로 판단하기 어렵다. 보수주의회계가 산업의 독과점 및 진입장벽 등의 경쟁을 제한하는 경제적 요인에 의해 나타난다면 표본이 충분한 경우를 대상으로 한 경우의 회귀분석에서 기업가치에 대한 보수주의회계의 영향을 기대하기는 어려울 것이기 때문이다. 따라서 개별 기업의 시계열자료로부터 기업가치에 대한 회계이익·순장부가치·순영업자산 등의 계수를 결정하고 보수주의회계의 영향을 판단할 필요가 있을 것이다.

<표 6-13> 산업별 보수주의회계의 비교

설명변수	회귀계수(t값)					
	산업 17	산업 24	산업 27	산업 32	산업 45	산업 51
상수항	0.863 (6.433)*	1.608 (9.033)*	1.131 (6.928)*	1.462 (9.436)*	1.031 (4.033)*	0.903 (4.977)*
XAD/BV	1.194 (0.722)	-0.835 (-0.977)	1.429 (1.927) #	1.770 (2.624)*	2.185 (1.232)	4.800 (2.828)*
OA1/BV	0.013 (0.284)	-0.144 (-1.135)	0.057 (0.647)	-0.024 (-0.235)	0.159 (0.926)	0.094 (0.870)
adj R^2	-0.025	0.000	0.034	0.057	0.008	0.093
F값 Sig. F	0.263 0.7695	1.012 0.3665	2.140 0.1262	3.593 0.0318	1.326 0.2718	4.014 0.0234
표본수	60	129	66	87	78	60

1) 회귀모형; $\dfrac{P}{BV} = \beta_0 + \beta_1 \dfrac{XAD}{BV} + \beta_2 \dfrac{OA}{BV} + e$
2) 변수의 정의: P: 기업가치, BV: 순장부가치, XAD: 당기순이익+순전기오류수정이익, OA1: 재고자산+유형자산.
3) t값의 유의수준은 상수항과 더미변수에 대해서는 $\beta \neq 0$이라는 양측검증의 결과이며, 그 외의 설명변수에 대해서는 $\beta > 0$ 또는 $\beta < 0$이라는 단측검증의 결과임.
4) *, #, +는 각각 1%, 5%, 10% 유의수준에서 유의적임을 나타냄.
5) 산업정의: 17: 섬유제품제조업 24: 화합물 및 화학제품제조업 27: 제1차 금속산업, 32: 영상, 음향 및 통신장비제조업 45: 건설업 51: 도매 및 상품중개업

2) 자산재평가에 따른 보수주의회계의 비교

<표 6-14>는 자산재평가여부와 자산재평가 이후 경과기간의 장단에 따라 표본을 구분하고 보수주의회계의 정도를 비교한 결과이다. 자산재평가를 한 기업은 전체 기업 중 3/4 정도를 차지하고 있다.

자산재평가 결과 순장부가치는 기업가치에 접근하게 된다. 자산재평가의 대상이 되는 것은 순영업자산의 일부이므로 자산재평가로 인해 순영업자산에 대한 과소기록이 감소하고 보수주의회계의 정도가 완화될 가능성이 크다. 자산재평가를 하지 않은 기업은 자산재평가를 한 기업에 비해 보수주의회계의 정도가 클 것으로 예상된다.

그러나 실증결과에 의하면 자산재평가를 한 기업과 자산재평가를 하지 않은 기업 모두 순영업자산/순장부가치는 종속변수에 대해 유의적인 설명변수가 아니었다. 이는 자산재평가를 하지 않은 기업들이 최근에 상장되었거나 자산재평가를 한 기업이 재평가 후 경과기간이 오래된 때문으로 예상된다. 이 두 경우 자산재평가여부로 표본을 나누어 보수주의회계를 비교하는 것은 타당하지 않다.

〈표 6-14〉 자산재평가에 따른 보수주의회계의 비교

설명변수	재평가여부: 회귀계수(t값)		재평가 후 기간경과: 회귀계수(t값)	
	재평가를 한 기업	재평가를 하지 않은 기업	재평가 후 기간이 오래된 기업	재평가 후 기간이 짧은 기업
상수항	0.907	0.809	0.896	0.969
	(13.034)*	(3.678)*	(7.041)*	(4.429)*
XAD/BV	2.036	4.541	1.704	2.414
	(4.636)*	(2.558)*	(2.509)*	(2.443)*
OA1/BV	0.012	0.093	0.068	-0.011
	(0.331)	(0.697)	(1.295)+	(-0.069)
adj.R^2	0.084	0.059	0.075	0.073
F값	10.748	3.466	3.748	2.998
Sig. F	0.0000	0.0363	0.0287	0.0591
표본수	213	79	69	52

1) 회귀모형: $\dfrac{P}{BV} = \beta_0 + \beta_1 \dfrac{XAD}{BV} + \beta_2 \dfrac{OA}{BV} + e$
2) 각 변수의 정의(1995년 회계자료)
  P: 기업가치, BV: 순장부가치, XAD: 당기순이익+순전기오류수정이익,
  OA1: 재고자산+유형자산.
3) t값의 유의수준은 상수항과 더미변수에 대해서는 $\beta \neq 0$이라는 양측검증의 결과이며, 그 외의 설명변수에 대해서는 $\beta > 0$ 또는 $\beta < 0$이라는 단측검증의 결과임.
4) *, #, +는 각각 1%, 5%, 10% 유의수준에서 유의적임을 나타냄.
5) 자산재평가여부: 293개 기업 중 1981년에서 1995년 사이에 자산재평가를 수행했는지 여부
6) 자산재평가 후 경과기간의 장단: 1981년-1995년 사이 1번의 자산재평가를 한 기업 중에 오래된 기업: 자산재평가연도 1981년-1985년, 최근 기업: 자산재평가연도 1989년-1993년

　자산재평가 후 경과기간에 따라 보수주의회계의 크기를 비교하기 위해 재평가기업을 대상으로 재평가 후 경과기간에 따라 표본을 다시 둘로 나누었다. 이 경우 2번 이상 자산재평가를 한 41개 기업은 배제되었다. 실증결과 최근에 자산재평가를 한 기업과 달리 자산재평가 후 경과기간이 오래된 기업은 순영업자산/순장부가치는 종속변수에 대해 유의적인 설명변수였다. 이러한 결과는 추론에 부합된다. 최근에 자산재평가를 한 기업은 오래전 자산재평가를 한 기업에 비해 순영업자산의 과소기록이 작아서 보수주의회계일 가능성이 적다.

3) 상장기간에 따른 보수주의회계의 비교

<표 6-15> 상장기간에 따른 보수주의회계의 비교

설명변수	상장기간의 경과	
	상장기간이 긴 기업	최근 상장한 기업
상수항 XAD/BV OA1/BV	0.834(9.112)* 1.717(3.025)* 0.063(1.410)+	0.935(4.631)* 4.795(3.657)* -0.010(-0.078)
adj.R^2	0.066	0.122
F값 Sig. F	5.566 0.0048	6.758 0.0019
표본수	131	84

1) 회귀모형: $\dfrac{P}{BV} = \beta_0 + \beta_1 \dfrac{XAD}{BV} + \beta_2 \dfrac{OA}{BV} + e$

2) 각 변수의 정의(1995년 회계자료)
　　P: 기업가치, BV: 순장부가치, XAD: 당기순이익＋순전기오류수정이익,
　　OA1: 재고자산＋유형자산,

3) t값의 유의수준은 상수항과 더미변수에 대해서는 $\beta \neq 0$이라는 양측검증의 결과이며, 그 외의 설명변수에 대해서는 $\beta > 0$ 또는 $\beta < 0$이라는 단측검증의 결과임.

4) *, #, +는 각각 1%, 5%, 10% 유의수준에서 유의적임을 나타냄.

5) 상장기간의 장단: 오래된 기업: 상장연도 1980년-1984년, 최근 기업 1989년-1993년

역사적 원가에 의해 기록된 회계정보가 상장 중에 자산재평가 등으로 인해 수정되지 않는 이상 상장기간이 오래된 기업은 최근 상장된 기업에 비해 순영업자사의 과소기록이 클 가능성이 있다. 〈표 6-15〉에서는 1980년-1984년 사이에 상장된 기업과 1989년-1993년 사이에 상장된 기업에 대해 순영업자산/순장부가치가 종속변수에 미치는 영향을 살펴보았다. 최근에 상장된 기업과 달리 상장기간이 긴 기업에서 순영업자산/순장부가치가 종속변수에 대해 양의 유의적인 설명변수였다. 이는 추론에 부합되는 결과이다.

4. 실증결과의 요약

전체 표본을 대상으로 한 회귀분석에서 보수주의회계는 기업규모와 음의 관계, 부채비율 및 소수주주지분비율과 양의 관계를 보였다. 연도차이를 제거할 경우에는 기업규모와 부채비율에 대해서 기대되는 결과를 얻을 수 있었다.

추가로 독립변수 간에 존재할 수 있는 다중공선성 문제를 제거하기 위해 미기록영업권(기업가치와 순장부가치의 차이)을 이용하여 표본의 이질성을 제거하였다. 특정시점에서 미기록영업권의 부호를 이용하여 표본을 구분하였으며, 또한 미기록영업권이 지속되는 경우(보수주의회계 또는 자유주의회계)를 이용하여 표본을 구분하였다.

특정시점에서 미기록영업권이 양인 표본(기업가치가 순장부가치를 초과하는 표본)에서는 기업규모와 부채비율이, 미기록영업권이 음인 표본(순장부가치가 기업가치를 초과하는 경우)에서는 부채비율과 소수주주지분비율이 유의적인 설명변수였다. 한편, 보수주의회계를 사용하는 표본에서는 기업규모가, 자유주의회계를 사용하는 표본에서는 소수주주지분비율과 순매출액으로 측정된 기업규모가 자유주의회계를 측정하는 기업특성으로 나타났다. 보수주의회계는 기업규모에 의해 주로 영향을 받으며, 자유주의회계는 기업규모와 소수주주지분비율뿐만 아니라 타 요인에 의해 영향을 받는 것으로 판단된다. 또한 미기록영업권이 지속되는 표본에 대해서 부채비율이 비유의적인 것은 부채비율이 재무위험보다는 기업규모를 대리(proxy)하는 측면이 강하기 때문으로 판단된다.

산업·자산재평가·상장기간 등에 따라 표본을 구분하여 실증한 결과에 의하면 자산재평가 후 경과기간이 길수록, 상장기간이 길수록 보수주의회계의 정도가 큰 것으로 나타났다. 표본이 작은 산업에서 보수주의회계가 기대되는데 본 연구의 제약상 산업별 표본에서 보수주의회계의 차이를 확인할 수 없었다. 이러한 결과는 보수주의회계를 고려한 기업가치평가모형의 타당성을 지지한다.

제3절 회계처리방법이 기업가치평가에 미치는 영향

1. 순전기오류수정이익이 기업가치에 미치는 영향

1) 전체 표본기업을 대상으로 한 경우

〈표 6-16〉은 1993년에서 1995년 3개년의 자료를 사용하여 종속변수 기업가치/순장부가치에 순전기오류수정이익/순장부가치가 미치는 영향을 회귀분석한 결과이다. 회계이익으로는 경상이익과 당기순이익을 사용하였으며, 영업자산에 대한 보수주의회계의 영향을 고려하기 위해(재고자산＋유형자산)/순장부가치를 설명변수에 포함하였다. 그리고 연도

효과는 더미변수로 고려하였다. 설명변수의 회귀계수의 부호와 유의성, 모형의 검정력에 대해 살펴보면 다음과 같다.

첫째, 회계이익으로 경상이익을 사용하든 당기순이익을 사용하든 상수항과 회계이익/순장부가치는 기업가치/순장부가치의 설명변수로 유의적이었으며 그 부호는 양이었다. 순장부가치와 회계이익에 대한 이러한 실증결과는 Ohlson(1995), Feltham and Ohlson(1995)의 회계정보를 이용한 기업가치평가모형에 부합하는 결과이다. 회계이익과 더불어 순장부가치는 기업가치의 주된 설명변수이며 회계에 의해 제공되는 주된 회계수치인 회계이익과 순장부가치는 기업가치에 양의 영향을 미친다.

둘째, 순전기오류수정이익/순장부가치는 종속변수에 영향을 미치지 않았다. 이는 기업가치의 결정변수로서 회계이익에는 순전기오류수정이익을 포함하든 배제하든 무관함을 의미한다.

셋째, 순영업자산/순장부가치는 기업가치/순장부가치에 영향을 미치지 않았다. 그러나 각 회귀모형의 t값은 이러한 영향을 완전히 배제하기에는 작지 않은 편이다. 회귀계수의 양의 부호는 자유주의회계보다는 보수주의회계가 일반적이라는 추론에 부합하는 결과이다.

138

〈표 6-16〉 순전기오류수정이익이 기업가치에 미치는 영향: 전체 표본을
대상으로 한 경우

설명변수	회귀계수(t값)			설명변수	회귀계수(t값)		
	모형 1	모형 2	모형 3		모형 4	모형 5	모형 6
상수항	1.182	1.130	1.134	상수항	1.142	1.088	1.095
	(30.662)*	(19.449)*	(17.842)*		(29.497)*	(18.843)*	(17.242)*
X1/BV	2.939	2.964	2.766	X2/BV	2.637	2.656	2.443
	(7.781)*	(7.838)*	(7.800)*		(9.056)*	(9.111)*	(8.910)*
AD/BV	-1.076	-0.794	0.453	AD/BV	-0.424	-0.131	1.018
	(-0.462)	(-0.339)	(0.206)		(-0.184)	(-0.057)	(0.467)
OA1/BV		0.036	0.035	OA1/BV		0.036	0.036
		(1.204)	(1.276)			(1.246)	(1.312) +
Y94			0.328	Y94			0.329
			(6.607)*				(6.130)*
Y95			-0.278	Y95			-0.265
			(-5.121)*				(-4.917)*
adj R2	0.063	0.063	0.179	adj R2	0.084	0.084	0.195
F값	30.358	20.732	39.247	F값	41.095	27.931	43.492
Sig. F	0.0000	0.0000	0.0000	Sig. F	0.0000	0.0000	0.0000

1) 회귀모형; $\dfrac{P}{BV} = \beta_0 + \beta_1 \dfrac{X}{BV} + \beta_2 \dfrac{AD}{BV} + \beta_3 \dfrac{OA}{BV} + \beta_4 Y94 + \beta_5 Y95 + e$

2) 각 변수의 정의
   P: 기업가치, BV: 순장부가치, X: 회계이익으로 당기순이익(X1) 또는 경상이익(X2)
   AD: 순전기오류수정이익, OA1: 재고자산＋유형자산,
   Y94: 더미변수 94년＝1 그 외 연도＝0, Y95: 더미변수 95년＝1 그 외 연도＝0.

3) t값의 유의수준은 상수항과 더미변수에 대해서는 $\beta \neq 0$이라는 양측검증의 결과
   이며, 그 외의 설명변수에 대해서는 $\beta > 0$ 또는 $\beta < 0$이라는 단측검증의 결과임.

4) *, #, ＋는 각각 1%, 5%, 10% 유의수준에서 유의적임을 나타냄.

5) 표본 879개, 1993년-1995년

넷째, 모형의 검정력을 살펴보면, 회계이익으로 경상이익을 사용할
경우 수정된 R^2는 8.4% 정도로 당기순이익을 사용할 경우 수정된 R^2
6.3%보다 다소 높게 나타났다. 이는 경상이익이 당기순이익에 비해 경
상적 이익항목만을 반영하기 때문으로 예상된 앞서의 기술적 통계량의
결과와 같다. 그러나 본 연구는 횡단면 자료를 대상으로 하므로 경상이

익이 당기순이익에 비해 기업가치를 평가하는 더 적절한 변수인 것으로 결정을 내리기는 어렵다. 회계이익의 안정성은 각 기업의 시계열 자료로부터 결정되어야 하기 때문이다.

다섯째, 연도효과를 고려하기 위해 더미변수를 회귀식에 포함할 경우 모형의 수정된 R^2는 회계이익으로 당기순이익을 사용할 때 17.9%, 경상이익을 사용할 때 19.5%로 상당히 개선되었다. 연도 더미변수의 회귀계수도 1% 유의수준에서 유의적인 것으로 나타나 외부경제요건에 의해 기업가치가 상당 영향을 받고 있음을 보여주었다. 이는 종속변수의 주가가 매 시점 외부경제에 의해 지속적으로 영향을 받아 결정되는 데 비해 당기의 재무제표 수치인 회계이익과 순장부가치는 결산시점에 한 번 결정되는 과거 활동의 요약치이기 때문으로 판단된다.

2) 비기대이익의 부호에 따라 표본을 구분한 경우

비기대이익을 보고한 기업과 비기대손실을 보고한 기업에서 전기오류수정항목을 이용한 이익조절의 양상이 다를 수 있다.[52] 기업이 비기대이익의 크기에 따라 전기오류수정항목을 조정하는 양상이 다르다면 순전기오류수정이익이 기업가치에 미치는 영향도 차이가 있을 수 있다.

〈표 6-17〉은 비기대이익의 부호에 따라 표본을 구분한 경우 각 표본에 대해 회귀분석한 결과이다. 전체 표본에서 기대 당기순이익은 전기의 당기순이익이므로 실제 분석에 사용된 표본수는 586개(293개*2년)이다. 245개 표본이 비기대이익을 보고하였으며 341개의 표본이 비기대손실을 보고하였다.

---

52) 김문철·황인태(96a)에서는 당해연도의 이익이 기대이익에 크게 못 미치는 경우에는 전기손익수정항목을 이용하여 보고이익을 크게 하는 반면, 당기이익이 기대이익보다 훨씬 상회하는 경우에는 전기손익수정항목을 이용하여 보고이익을 낮추려고 하지 않음을 실증하였다.

〈표 6-17〉 순전기오류수정이익이 기업가치에 미치는 영향: 비기대이익의 부호에 따라 표본을 구분한 경우

설명변수	회귀계수(t값)					
	모형 1		모형 2		모형 3	
	비기대이익<0	비기대이익>0	비기대이익<0	비기대이익>0	비기대이익<0	비기대이익>0
상수항	1.093	1.192	1.037	1.130	0.776	0.839
	(14.197)*	(16.738)*	(9.131)*	(10.632)*	(6.973)*	(8.145)*
X1/BV	4.409	3.083	4.517	3.078	4.494	2.885
	(3.570)*	(5.107)*	(3.622)*	(5.095)*	(3.921)*	(5.235)*
AD/BV	-1.917	0.284	-1.401	0.303	0.802	4.971
	(-0.546)	(0.046)	(-0.389)	(0.049)	(0.241)	(0.875)
OA1/BV			0.036	0.045	0.059	0.021
			(0.671)	(0.797)	(1.182)	(0.413)
Y94					0.545	0.660
					(6.729)*	(8.335)*
adj R^2	0.049	0.066	0.047	0.065	0.195	0.223
F 값	7.256	13.044	4.976	8.898	15.739	25.397
Sig. F	0.0009	0.0000	0.0023	0.0000	0.0000	0.0000
표본수	245	341	245	341	245	341

1) 회귀모형; $\dfrac{P}{BV} = \beta_0 + \beta_1 \dfrac{X}{BV} + \beta_2 \dfrac{AD}{BV} + \beta_3 \dfrac{OA}{BV} + \beta_4 Y94 + e$
2) 각 변수의 정의
   P: 기업가치, BV: 순장부가치, X1: 당기순이익, AD: 순전기오류수정이익,
   OA1: 재고자산＋유형자산, Y94: 더미변수 94년＝1 그 외 연도＝0.
3) t값의 유의수준은 상수항과 더미변수에 대해서는 $\beta \neq 0$이라는 양측검증의 결과이며, 그 외의 설명변수에 대해서는 $\beta > 0$ 또는 $\beta < 0$이라는 단측검증의 결과임.
4) *, #, +는 각각 1%, 5%, 10% 유의수준에서 유의적임을 나타냄.
5) 비기대이익＝(당기 당기순이익＋당기 순전기오류수정이익)－(전기 당기순이익)

　　본 연구에서는 비기대이익은(당기의 당기순이익＋순전기오류수정이익)⊖(전기의 당기순이익)으로 계산하였다. 기대이익은 전기의 당기순이익으로 측정하고, 당기의 이익은 순전기오류수정을 포함한 당기순이익으로 측정하였다. 만약 전기오류수정항목이 이익조절의 수단으로 사용된다면 보고된 당기순이익은 유연화된 이익일 것이며, 유연화된 이익이 미래 기업가치에 대한 경영자의 예상을 반영한 것이라면 유연화된

이익이 기대이익으로 사용되는 것이 타당하다.

실증결과 비기대이익의 부호에 무관하게 전체 표본을 대상으로 한 경우와 동일한 결과를 얻었다. 순전기오류수정이익/순장부가치는 기업가치/순장부가치의 유의적인 설명변수가 아니었다. 즉, 기업이 이익의 조절수단으로 전기오류수정항목을 사용하고 비기대이익의 부호에 따라 그 양상이 다르더라도, 기업가치를 설명하는 회계이익에 순전기오류수정이익을 포함하든 배제하든 무관하였다.

3) 순전기오류수정이익이 발생연도의 기업가치에 미치는 영향

순전기오류수정이익이 기업가치에 영향을 미치지 않는 것으로 나타난 결과는 금액이 너무 작기 때문이거나 또는 전기오류수정항목의 보고 연도와 발생연도가 다르기 때문일 수 있다.

기초통계량에서 살펴본 바와 같이 평균적으로 기업들은 순전기오류수정손실을 보고하며 이는 순장부가치 대비 0.5% 수준으로 이를 순이익 대비로 보면 6.86%에 달한다. 그리고 순전기오류수정손실을 보고한 경우와 순전기오류수정이익을 보고한 경우로 나눌 경우 당기순이익 대비 순전기오류수정이익 또는 손실의 비율은 더 커지게 된다. 따라서 기업가치에 미치는 영향을 배제할 만큼 작다고 판단하기는 어렵다. 한편, 전기오류수정은 보고되는 연도에 앞서 발생한다. 만약 투자자들이 전기오류수정의 크기를 발생시점에서 정확하게 예측한다면 발생연도의 주가에 반영되어 보고연도의 주가에는 영향이 없을 수 있다. 이 경우에는 전기오류수정에 대해 발생연도를 추적하여 발생연도의 주가에 대한 영향을 분석해야 할 것이다.

〈표 6-18〉은 순전기오류수정이익이 발생시점에 반영되는지 확인하기

142

위한 회귀분석의 결과이다. T+1기의 순전기오류수정이익이 T기에 모두
발생했다는 가정하에 T+1기의 순전기오류수정이익이 T기의 기업가치에
반영되는지 살펴보았다. T+1기의 순전기오류수정이익이 T기의 회귀분석
에 사용되었으므로 실제 분석에 사용된 표본수는 586개(293개*2년)이다.

〈표 6-18〉 순전기오류수정이익이 발생연도의 기업가치에 미치는 영향

설명변수	회귀계수(t값)		
	모형 1	모형 2	모형 3
상수항	1.346(26.432)*	1.275(17.137)*	1.108(14.115)*
X1/BV	3.005(6.289)*	3.051(6.371)*	2.983(6.384)*
AD/BV	-0.636(-0.219)	-0.281(-0.097)	-0.466(-0.164)
PAD/BV	3.590(1.444)+	3.954(1.582)+	3.038(1.243)
OA1/BV		0.049(1.317)+	0.051(1.417)+
Y94			0.324(5.536)*
adj R^2	0.061	0.062	0.107
F값	13.617	10.659	15.091
Sig. F	0.0000	0.0000	0.0000
표본수	586	586	586

1) 회귀모형: $\dfrac{P_t}{BV_t} = \beta_0 + \beta_1 \dfrac{X_t}{BV_t} + \beta_2 \dfrac{AD_t}{BV_t} + \beta_3 \dfrac{AD_{t+1}}{BV_t} + \beta_4 \dfrac{OA_t}{BV_t} + \beta_5 Y94_t + e_t$

2) 각 변수의 정의
   P: 기업가치, BV: 순장부가치, X1: 당기순이익, AD: 순전기오류수정이익,
   OA1: 재고자산+유형자산, Y94: 더미변수 94년=1 그 외 연도=0, PAD: 차기의 AD

3) t값의 유의수준은 상수항과 더미변수에 대해서는 $\beta \neq 0$이라는 양측검증의 결과
   이며, 그 외의 설명변수에 대해서는 $\beta > 0$ 또는 $\beta < 0$이라는 단측검증의 결과임.

4) *, #, +는 각각 1%, 5%, 10% 유의수준에서 유의적임을 나타냄.

5) 전기오류수정항목의 발생연도는 보고연도의 직전연도로 가정하였다.

   실증결과 T+1기의 순전기오류수정이익/순장부가치는 10% 유의수준에
서 T기의 기업가치/순장부가치에 유의적인 양의 영향을 미치고 있는 것으
로 나타났다.(모델 3의 경우에는 회귀계수가 비유의적이나 유의수준이

10% 수준에 가깝다.) 그러나 낮은 유의성으로 판단컨대 오류의 발생연도에 오류가 기업가치에 미치는 영향이 정확히 반영된다고 보기는 어렵다. 낮은 유의수준에 대해서는 본 분석에서 오류를 실제 발생연도에 귀속시키지 못한 때문일 수 있다. 당기에 보고되는 회계오류의 실제 발생연도를 개별적으로 추적하고 추적된 발생연도의 기업가치와의 관계를 분석하면 좀 더 유의적인 결과를 얻을 수 있을 것이다. 그럼에도 회계오류의 상당부분이 전기에 발생한 것이므로 당기의 기업가치에 순전기오류수정이익이 영향을 미치지 않는 것은 발생연도의 기업가치에 반영되기 때문으로 예상할 수 있다.[53]

4) 실증결과의 요약

순수잉여관계를 벗어나는 순전기오류수정이익이 기업가치에 영향을 미치는지에 대한 실증분석을 통해 회계정보를 이용한 기업가치평가에서 순전기오류수정이익이 회계이익에 포함되어야 하는지를 살펴보았다.

실증결과 순전기오류수정이익은 보고연도의 기업가치에 영향을 미치지 않았다. 비기대이익의 부호에 따라 표본을 구분한 경우에도 결과는 동일하였다. 이 결과는 회계정보를 이용한 기업가치평가에서 회계이익으로 보고된 당기순이익을 사용하든 순전기오류수정이익을 포함한 당기순이익을 사용하든 무관함을 의미한다. 반면, 순전기오류수정이익은 발생연도의 주가에 반영되는 것으로 나타났다. 기업이 전기오류수정항목을 이용하여 보고되는 이익을 조절할지라도 투자자들은 오류의 크기를 예상하고 발생된 연도의 주가에 이를 반영하였다.

---

53) 황인태(96a)는 1990년에 발생한 회계오류에 대해 보고연도를 이후 4개년 동안 추적한 결과 매출액대비 오류비율이 첫해에 73.91%에 이르는 것을 보였다.(표 2의 자료로부터) 그리고 회계오류가 없었을 경우의 당기순이익을 추산하는데 오류발생연도 이후 4개연도의 자료를 이용하면 충분하며 그중 2년 정도만 추적해도 큰 문제는 없을 것으로 판단하였다.

회계정보를 이용한 기업가치평가모형을 이용한 이상의 결과는 순전기오류수정이익이 발생연도 이후의 연도에 보고된다고 하더라도 발생연도의 주가에 반영되므로 실질적으로는 기업가치평가를 위한 순수잉여관계가 유지됨을 의미한다. 따라서 미래이익의 예측에 의해 기업가치를 평가하는 데에는 전기오류수정을 예측하고 이를 전기오류수정이 발생한 연도의 이익예측치에 포함시키면 더 정확한 기업가치평가가 가능할 것이다.

한편 이러한 실증결과는 전기오류수정을 당기손익에 포함하는 개정기업회계기준을 부정하는 것은 아니다. 앞서 살펴본 바와 같이 미래회계이익의 예측에 의한 기업가치평가에는 순수잉여관계가 과거에 유지되었는지에 무관하게 미래 시점에 유지되는 것이 중요하다. 단기간의 회계이익의 예측을 기초로 기업가치를 평가하거나 현재의 회계수치로 기업가치를 평가하는 경우에 전기오류수정항목을 통한 이익조절은 예측오차를 크게 하고 그에 따라 적절한 기업가치평가를 어렵게 하기 때문이다. 따라서 각 기에 발생한 이익을 정확히 예상할 수 있도록 전기오류수정항목을 통한 이익조절 가능성을 줄여야 할 것이며, 개정 기준은 그런 점에서 타당한 것으로 판단된다.

2. 보수적 회계처리와 보수주의회계

1) 회계처리방법의 비교

FO(1995)모형의 보수주의회계 개념과 일반적인 회계관습 중 손익계산서상의 보수주의관습개념을 비교하기 위해 전체표본을 대상으로 감가상각방법 및 제품과 상품의 평가방법을 살펴보았다. 〈표 6-19〉는 회계처리방법에 대한 기술적 통계이다.

상품과 제품의 단가산정방법으로 기업들은 주로 총평균법을 사용하고 있으며 다음으로 이동평균법과 선입선출법을 사용하고 있다. 이는 기업들이 이익을 작게 또는 크게 보고하기 위한 회계처리방법 대신 선입선출법과 후입선출법이 이익의 크기에 미치는 영향의 중간 정도의 영향을 미치는 방법을 사용하고 있음을 나타낸다. 물가가 지속적으로 상승하고 기말재고가 기초재고보다 많은 일반적인 상황에서 비보수적인 회계처리방법인 후입선출법은 거의 사용되고 있지 않았다. 상품과 제품의 단가산정방법은 대체로 유사한 분포를 보이고 있는데 이는 기업들이 상품과 제품의 단가산정방법으로 동일한 회계처리방법을 사용하고 있기 때문이다. 감가상각은 정액법보다는 정률법을 이용하여 주로 회계처리하고 있다. 이는 상각초기에 상각비용을 크게 보고하는 보수적인 회계처리이다. 회계처리방법은 전체표본뿐만 아니라 기간별로 일관된 양상을 보이고 있다. 상품 및 제품의 단가산정방법 및 감가상각방법에 대한 표본은 93년, 94년, 95년에 거의 일관된 양상을 보이고 있다.

기업들이 회계처리방법을 이용하여 보고되는 이익을 높게 유지한다면 상품 및 제품의 단가산정방법보다는 감가상각방법에 의해 이익을 조절하는 것으로 판단된다.

〈표 6-19〉 회계처리방법의 비교

구 분	방 법	93년-95년		93년		94년		95년	
		표본수	백분율	표본수	백분율	표본수	백분율	표본수	백분율
상품단가 산정방법	1	368	56.4	117	56.0	123	56.4	128	56.6
	2	142	21.7	44	21.1	49	22.5	49	21.7
	3	37	5.7	12	5.7	12	5.5	13	5.8
	4	87	13.3	29	13.9	29	13.3	29	12.8
	5	3	0.5	1	0.5	1	0.5	1	0.4
	6	16	2.5	6	2.9	4	1.8	6	2.7
	0	226	-	84	-	75	-	67	-
제품단가 산정방법	1	475	60.0	158	60.5	158	59.8	159	59.6
	2	165	20.8	53	20.3	55	20.8	57	21.3
	3	45	5.7	13	5.0	15	5.7	17	6.4
	4	84	10.6	29	11.1	28	10.6	27	10.1
	5	6	0.8	2	0.8	2	0.8	2	0.7
	6	17	2.1	6	2.3	6	2.3	5	1.9
	0	87	-	32	-	29	-	26	-
감가상각 방법	1	233	26.7	69	23.7	76	26.1	88	30.1
	2	641	73.3	222	76.3	215	73.9	204	69.9
	0	5	-	2	-	2	-	1	-

1) 회계처리방법정의
  상품 및 제품의 평가방법: 1: 총평균법, 2: 이동평균법, 3: 개별법
  4: 선입선출법, 5: 후입선출법 6: 매출가격환원법, 0: 자료누락
  감가상각방법: 1: 정액법, 2: 정률법, 0: 자료누락
2) 백분율은 누락자료를 제외한 표본에 대한 비율

2) 미기록영업권에 따른 보수적 회계처리방법의 비교

〈표 6-20〉은 PBR의 크기에 따라 기업을 고·중·저 기업군으로 구분하고 각 기업군에 대해 감가상각방법·상품평가방법·제품평가방법을 비교한 결과이다. Bernard(1994)는 PBR을 크기에 따라 대·중·소 기업군으로 나누고 회계처리방법·자산구성·연구개발비용의 수준 등을 살펴본 결과 이들 지표가 PBR의 집단 간 차이를 설명하지 못함을 보인 바 있다. 아

울러 회계이익과 순장부가치가 기업가치의 수준에 대해 서로 다른 의미를 지닐 때 보수주의회계의 역할을 보인 앞 절의 실증결과를 반영하기 위해 동 지표를 저PER·고PBR기업군, 고PER·저PBR기업군에 대해서도 적용하였다. 보수적인 회계처리가 미기록영업권의 주요 원인이라 한다면 저PBR기업군보다는 고PBR기업군에 그리고 고PER·저PBR기업군보다는 저PER·고PBR기업군에 보수적인 회계처리방법이 사용되고 있을 것이다.

〈표 6-20〉 PBR 크기에 따른 회계처리방법의 비교

회계처리방법		저PBR		중PBR		고PBR		PF 2		PF 3	
		표본수	%	표본수	%	표본수	%	표본수	%	표본수	%
감가상각	0	1	-	2	-	2	-	1	-	0	-
	1	108	40.0	73	25.1	52	17.9	14	14.4	37	37.8
	2	184	60.0	218	74.9	239	82.1	83	85.6	61	62.2
상품평가	0	69	-	82	-	75	-	38	-	19	-
	1	124	55.4	113	53.6	131	60.1	36	60.0	37	24.1
	2	60	26.8	48	22.7	34	15.6	6	10.0	24	30.3
	3	10	4.5	17	8.1	10	4.6	3	5.0	7	8.9
	4	23	10.3	26	12.3	38	17.4	12	20.0	9	11.4
	5	0	0.0	2	0.9	1	0.5	1	1.7	0	0.0
	6	7	3.1	5	2.4	4	1.8	2	3.3	2	2.5
제품평가	0	22	-	34	-	31	-	6	-	10	-
	1	149	55.0	156	60.2	170	64.9	63	68.5	45	51.1
	2	75	27.7	49	18.9	41	15.6	10	10.9	22	25.0
	3	14	5.2	21	8.1	10	3.8	2	2.2	8	9.1
	4	24	8.9	25	9.7	35	13.4	15	16.3	8	9.1
	5	2	0.7	3	1.2	1	0.4	1	1.1	2	2.3
	6	7	2.6	5	1.9	5	1.9	1	1.1	3	3.4

1) 회계처리방법정의
   상품 및 제품의 평가방법: 1: 총평균법, 2: 이동평균법, 3: 개별법 4: 선입선출법,
                          5: 후입선출법 6: 매출가격환원법, 0: 자료누락
   감가상각방법: 1: 정액법, 2: 정률법, 0: 자료누락
2) 백분율은 누락자료를 제외한 표본에 대한 비율
3) PBR의 대중소 분류는 동일한 표본크기에 의해 구분
4) PF 2: 저PER·고PBR 포트폴리오, PF 3: 고PER·저PBR 포트폴리오.
   〈표 6-1〉 주)참조

우선, 고PBR기업군 특히 저PER·고PBR기업군에서 감가상각방법으로 정액법보다 정률법이 더 큰 비중을 차지하고 있다. 미기록영업권이 양인 기업(고PBR기업군)에서 특히 보수주의회계인 기업(저PER·고PBR기업군)에서 감가상각방법으로 보수적인 방법을 사용하고 있는 것이다. 이 결과는 보수주의회계인 기업군에서 감가상각방법으로 보수적인 회계처리를 사용하고 있음을 의미한다.

한편, 상품 및 제품의 평가방법으로는 모든 표본에서 총평균법이 주로 사용되고 있다. 상품과 제품의 평가방법으로 이동평균법과 선입선출법 간에 선호의 다소간 차이가 있지만 고PBR기업군과 저PER·고PBR기업군에서 총평균법과 선입선출법의 사용빈도는 나머지 기업군에 비해 더 높게 나타났다. 즉, 상품 및 제품의 평가방법과 미기록 영업권 또는 보수주의회계와 무관하게 나타났다.

위 결과로부터 회계처리방법과 미기록영업권 또는 보수주의회계와 일관된 관계가 없는 것으로 판단된다. 그러나 감가상각의 경우 보수주의회계의 크기에 대해 시사하는 바가 있는 것으로 보인다.

3) 회계처리방법을 기준으로 표본을 구분한 경우 보수주의회계의 비교

〈표 6-21〉, 〈표 6-22〉, 〈표 6-23〉에서는 회계처리방법별로 구분된 표본에 대해 순영업자산에 대한 보수주의회계 계수가 유의적인지 살펴보았다. 상품 및 제품의 단가평가방법으로는 표본이 충분한 총평균법, 이동평균법, 선입선출법에 대해서만 살펴보았다. 이익을 줄여 보고하려는 경향은 보수주의회계와 무관하지만, 선형정보과정으로 표현되지 않는 회계처리방법의 경우 또는 그러한 회계처리방법이 보수주의회계의 정도에 시사하는 바가 있을 경우 보수주의회계와 관련될 것으로 예상된다.

감가상각방법으로 정률법을 사용하는 기업은 순영업자산/순장부가치 변수가 종속변수에 대해 유의적이었으며 부호는 양이었다. 제품평가방법으로 이동평균법을 사용하는 경우를 제외하고 상품 및 제품의 평가방법별 표본에서 보수주의회계 계수는 비유의적이었다.

이러한 결과는 미기록영업권의 크기에 따른 회계처리방법의 비교 결과와 일치한다. 보수적인 감가상가방법을 사용하는 경우 보수주의회계의 정도가 컸지만 상품 및 제품의 평가방법과 보수주의회계의 정도는 무관하였다.

〈표 6-21〉 보수주의회계의 비교: 감가상각방법에 따라 표본을 구분한 경우

설명변수	회귀계수(t값)	
	방법 1	방법 2
상수항	1.095(15.593)*	1.055(14.140)*
XAD/BV	0.689(1.572)+	3.510(7.199)*
OA1/BV	0.021(0.707)	0.133(3.011)*
adj R2	0.003	0.084
F값	1.385	30.524
Sig. F	0.2523	0.0000
표본수	233	641

1) 회귀모형: $\dfrac{P}{BV} = \beta_0 + \beta_1 \dfrac{XAD}{BV} + \beta_2 \dfrac{OA}{BV} + e$

2) 각 변수의 정의

   P: 기업가치, BV: 순장부가치, XAD: 당기순이익＋순전기오류수정이익,

   OA1: 재고자산＋유형자산,

3) t값의 유의수준은 상수항과 더미변수에 대해서는 $\beta \neq 0$이라는 양측검증의 결과이며, 그 외의 설명변수에 대해서는 $\beta > 0$ 또는 $\beta < 0$이라는 단측검증의 결과임.

4) *, #, +는 각각 1%, 5%, 10% 유의수준에서 유의적임.

5) 감가상각방법: 1: 정액법, 2: 정률법, 0: 자료누락

〈표 6-22〉 보수주의회계의 비교: 상품평가방법에 따라 표본을 구분한 경우

설명변수	회귀계수(t값)		
	방법 1	방법 2	방법 4
상수항	1.368(17.882)*	0.898(4.328)*	1.330(9.014)*
XAD/BV	1.240(2.766)*	4.706(2.561)*	1.528(1.246)
OA1/BV	-0.041(-0.972)	0.115(1.153)	0.041(0.662)
adj R2	0.018	0.036	-0.002
F값	4.449	3.635	0.921
Sig. F	0.0123	0.0289	0.4020
표본수	368	142	87

1)-4) 〈표 6-21〉의 주) 참조
5) 상품의 평가방법: 1: 총평균법, 2: 이동평균법, 4: 선입선출법

〈표 6-23〉 보수주의회계의 비교: 제품평가방법에 따라 표본을 구분한 경우

설명변수	회귀계수(t값)		
	방법 1	방법 2	방법 4
상수항	1.299(19.405)*	0.896(6.594)*	1.164(6.209)*
XAD/BV	1.574(3.926)*	3.601(3.209)*	2.627(2.198) ≠
OA1/BV	-0.002(-0.061)	0.089(1.435) +	0.076(0.701)
adj R2	0.028	0.052	0.034
F값	7.771	5.454	2.473
Sig. F	0.0005	0.0051	0.0907
표본수	475	165	84

1) -4) 〈표 6-21〉의 주) 참조
5) 제품의 평가방법: 1: 총평균법, 2: 이동평균법, 4: 선입선출법

4) 실증결과의 요약

당기의 이익의 크기에 영향을 미치는 회계처리방법과 보수주의회계의 관련성을 실증한 결과 일관된 결과를 얻을 수 없었다. 보수적인 감가상각방법(정률법)을 사용하는 표본에서는 보수주의회계를 나타내는

계수가 유의적인 반면, 보수적인 제품 또는 상품의 평가방법을 사용하는 표본에서는 그렇지 않았다.

기업 전체의 보수적인 회계처리의 정도는 개별 회계처리방법의 비교로 불가능하지만 감가상각방법처럼 이익 또는 순장부가치에 영향이 큰 회계처리방법의 비교로부터 보수주의회계의 크기를 어느 정도 확인하는 것이 가능할 수 있다. 실증 결과는 보수적인 회계처리방법이 기업가치에 고려되어야 할 직접적인 변수라기보다 보수주의회계의 크기에 대한 정보를 제공하고 있는 것으로 판단된다.

제7장 결 론

최근 Ohlson(1995), Feltham and Ohlson(1995) 이후 활발하게 진행되고 있는 회계정보를 이용한 기업가치평가에 관한 연구는 60년대 말 이래 자본시장회계연구가 회계가 기업가치를 측정하는 체계로 타당한지에 대한 판단 없이 회계정보의 정보가치를 분석하고 있다는 비판에서 비롯되었다. '과연 회계는 기업가치를 측정하는 체계로서 타당한가' 그리고 '어떻게 회계정보로부터 기업가치를 측정할 것인가'라는 가치측정 체계로서 회계의 역할에 대한 확신 없이 회계정보의 정보가치를 자본시장의 반응을 통해 분석하는 것은 본말이 전도된 것이라는 것이다.

Ohlson(1995), Feltham and Ohlson(1995)의 기업가치평가모형은 배당·현금흐름 등을 평가속성으로 하는 평가모형에 비해 이론적·실증적으로 우월한 방법으로 평가되고 있다. 우선 회계정보를 이용한 기업가치평가모형은 현금흐름의 할인에 의한 기업가치의 결정이라는 개념적 타당성을 기초로 하며 명목적 가치측정체계로서 회계구조를 반영하고 있다. 회계의 산출물인 회계정보를 해체하는 대신 이를 직접 가치평가의 평가속성으로 이용하는 것은 회계구조에 대한 이해와 일치한다. 회계는 가치(순장부가치)와 가치증가(이익)를 측정하는 체계로 부의 창출과 분배를 구분한다. 또한 모형을 실제 기업가치평가에 적용하는 과정에서 자료를 용이하게 입수할 수 있으며 단기간의 예측에 의해 기업가치를 결정할 수 있다.

위 모형을 이용한 기존의 실증결과는 대체로 회계정보를 이용한 가치평가모형이 내재가치모형으로 적합함을 보여준다. 한정된 기간동안의 배당보다는 회계정보가 기업가치의 평가속성으로 적합하였으며, 기업가치평가 시 이익 외에 순장부가치가 주요 평가속성이었다. 또한 주요 회계수치인 이익과 순장부가치는 기업가치평가 시 상호보완적이며 과거 및 현재의 회계정보로부터 기업가치를 측정하는 것이 가능한 것으로 나타났다. 회계정보로부터 측정된 기업가치와 실제주가를 이용하여 투자수익의 획득이 가능하다는 실증결과는 기본적 분석의 타당성을 지지하고 있다.

그러나 이들 실증은 대부분 보수주의회계를 고려한 기업가치평가모형을 사용하지 않았다. 그런데 회계정보를 이용한 기업가치평가에 순영업자산에 대한 보수주의회계가 미치는 영향에 대한 연구에 있어서 보수적 회계처리는 보수주의와 개념적 차이가 있으므로 보수주의회계의 정도는 기업규모·지분구조·재무구조 등 주요 기업특성별로 양상을 살펴볼 필요가 있을 것이다.

본 연구에서는 회계정보를 이용한 기업가치평가에서 보수주의회계의 영향과 기업특성이 기업가치에 미치는 영향을 파악하기 위해 다음과 같은 연구과제를 설정하고 실증분석하였다. 기업특성과 보수주의회계 사이의 관련성에 대한 과제를 제외한 연구과제는 보수주의회계를 고려한 기업가치평가의 타당성을 확인하기 위한 것이다.

첫째, 회계이익과 순장부가치가 기업가치의 수준에 대해 다른 의미를 제공할 경우 각각에 대해 순영업자산에 대한 보수주의회계의 영향을 분석하였다.

고PER이나 저PBR인 기업, 저PER이나 고PBR인 기업은 고PER이며 고PBR인 기업, 저PER이며 저PBR인 기업과 달리 회계이익과 순장부가치가 기업가치의 수준에 대해 서로 다른 의미를 제시한다. 실증결과에서는 회계이익과 순장부가치가 기업가치에 대해 서로 다른 의미를 지닐 때에만 순영업자산에 대한 보수주의회계가 유의적인 것으로 나타났다. 그리고 순영업자산에 대한 보수주의회계의 부호는 고PER이나 저

PBR인 기업은 음으로, 저PER이나 고PBR인 기업은 양으로 보수주의회계를 나타냈다.

둘째, 기업규모, 부채비율, 소수주주지분비율 등 기업특성에 따라 순영업자산에 대한 보수주의회계의 정도를 분석하였다.

예상되는 결과는 총자산과 순매출액으로 측정된 기업규모는 보수주의회계와 음의 관계, 부채비율 및 소수주주지분비율은 양의 관계이다. 전체 표본을 대상으로 한 회귀분석에서 예상과 일치하는 결과를 얻을 수 있었다. 추가로 변수 간의 다중공선성 문제를 피하기 위해 미기록영업권에 의해 표본의 동질성을 확보하고자 하였다. 특정시점에서 미기록영업권(기업가치와 순장부가치의 차이)이 양인 경우는 기업규모와 부채비율이, 미기록영업권이 음인 경우는 부채비율과 소수주주지분비율이 유의적이었다. 그리고 보수주의회계는 기업규모에 의해 주로 영향을 받으며, 자유주의회계는 기업규모와 소수주주지분비율뿐만 아니라 타 요인에 의해 영향을 받는 것으로 나타났다. 부채비율에 대해 유의적인 결과를 얻지 못한 것은 부채비율이 기업규모를 대리하기 때문으로 판단된다.

셋째, 자산재평가 후 경과기간 및 상장기간 등과 보수주의회계의 정도 사이에 기대되는 추론을 실증하였다.

자산재평가 후 경과기간이 길수록, 상장기간이 길수록 보수주의회계의 정도가 큰 것으로 나타났으며, 이는 보수주의회계에 대한 추론에 부합된다.

넷째, 순전기오류수정이익이 기업가치에 언제 반영되는지 실증하였다.

순전기오류수정이익은 보고연도의 기업가치에 영향을 미치지 않았다. 대신 전기오류수정항목의 발생을 보고연도의 직전으로 가정하고 분석한 결과 당기의 순전기오류수정이익은 전기의 기업가치에 반영되는 것으로 나타났다. 이는 투자자들이 전기오류수정의 크기를 발생시점에서 예측하고 이를 발생연도의 주가에 반영하는 것으로 판단된다. 그런데 단기간의 회계이익의 예측을 기초로 기업가치를 평가하거나 현재의 회계수치로 기업가치를 평가하는 경우에 전기오류수정항목을 통한 이익조절은 예측오차를 크게 하고 그에 따라 적절한 기업가치평가를 어렵게 한다. 따라서 각 기에 발생한 이익을 정확히 예상할 수 있도록 전기오류수정항목을 통한 이익조절 가능성을 줄여야 할 것이다. 개정 기준은 그런 점에서 타당한 것으로 판단된다.

다섯째, 감가상각방법과 상품 및 제품의 평가방법에 따라 구분된 표본에서 보수주의회계의 정도를 비교하였다.

FO(1995)모형상 당기의 이익을 줄여 보고하려는 경향에 의해서는 미기록영업권이 지속되지 않는다. 그러나 실증결과 감가상각방법으로 정률법을 사용하는 표본은 정액법을 사용하는 표본과 달리 보수주의회계적인 것으로 나타났다. 이는 보수적인 회계처리방법이 기업가치에 고려되어야 할 직접적인 변수라기보다 보수주의회계의 크기에 대한 정보를 제공하고 있는 것으로 판단된다.

이상의 결과는 회계정보를 이용하여 기업가치를 평가할 때 보수주의회계를 고려하는 것이 타당함을 의미하며, 이때 순영업자산에 대한 보수주의회계는 기업특성에 의해 설명될 수 있음을 제시한다.

실증회계연구에서는 경영자의 회계처리절차의 선택에 영향을 미치는 변수로 기업특성변수를 고려하고 있지만 기업가치평가에 미치는 영향에 대해서는 알려주지 못한다. 그러나 본 연구의 결과에 의하면 기업특성변수는 보수주의회계 정도와의 관련성을 통해 기업가치에 영향을 미치며 그 영향의 정도를 추론하는 것이 가능하다. 이러한 결과는 개별기업의 보수주의회계의 크기를 결정할 수 없는 경우 가령, 기업별 시계열 회계정보가 충분하지 못하거나 또는 신규상장기업의 주가평가 등의 경우에 활동될 수 있을 것이다.

본 연구는 순영업자산에 대한 보수주의회계가 기업특성에 의해 설명될 수 있음을 보여주었다. 그러나 본 연구의 결과는 다음과 같은 한계점을 지니고 있는바 이러한 사실을 염두에 두고 본 연구의 결과를 해석해야 할 것이다.

첫째, 기업가치평가모형으로 선형모형을 사용함으로써 주요 회계수치에 대해 시계열상 안정된 과정을 가정하고 있다. 회계수치의 시계열이 안정적이지 못한 경우 본 연구의 연구과제에 대한 결과해석은 달라질 수 있다.

둘째, 기업별 기업가치에 대한 회계수치의 가중치는 다른 것이 일반적이다. 이 가중치는 시계열자료에 대한 분석으로부터 유도될 수 있다. 그러나 본 연구는 횡단면자료를 대상으로 하고 있으며 회계이익과 순장부가치에 대한 가중치가 동일하다고 가정하고 있다. 또한 보수주의회계의 정도는 기업 간 기간 간 차이가 있을 수 있다. 그럼에도 불구하고 본 연구에서는 한 기간 내에서는 기업특성별로 동일하다고 보았다.

셋째, 변수의 측정에 문제가 있을 수 있다. 기업가치로 주가와 유통주식수의 곱을 사용하고 있는데 가치측정적 연구의 핵심은 회계정보를 이용해 내재주가를 찾는 것이다. 순영업자산은 재고자산과 유형자산의 합으로 측정되었는데 불편회계가 이루어지지 않는 항목에 대한 관찰이 더 필요할 것이다.

본 연구의 결과와 한계점을 바탕으로 앞으로 다음과 같은 주제에 대한 연구가 추가로 이루어질 수 있을 것이다.

첫째, 유가증권평가손익 등 회계처리상 순수잉여관계를 벗어나는 예들이 기업가치평가 시 어떠한 영향을 미치는지에 대해 검토가 있어야 할 것이다.

둘째, 승수모형에 대한 기존의 실증연구들은 회계정보를 이용한 기업가치평가모형을 이용하여 재분석될 수 있다. 가령 PER, PBR의 안정성에 관한 연구결과를 소위 PVR(주식가치/평가가치)와 비교할 수 있다.

시장에서 관찰되는 주가를 이익 또는 순장부가치의 승수로 평가하는 것보다는 이를 함께 이용하는 기업가치측정치로 평가하는 것이 더 적절할 것이다.

셋째, 비정상수익률 접근법과의 관계를 살펴볼 수 있다. 회계정보를 이용하여 기업가치를 측정할 때 비정상수익률이 어떻게 계산될 수 있고 비기대이익과 양의 관계가 유지되는지 실증할 수 있다.

가치측정(measurement) 체계로서 회계의 역할을 주장하는 것은 의사소통수단(communication)으로서 회계의 역할을 부정하는 것은 아니며 오히려 정보적 관점하에 진행되어온 연구과제들을 새로 검증할 연구의 틀을 제공하는 것이다. 비기대이익과 비정상수익률에 의존한 기존 연구는 이러한 관점에서 검토되고 개선되어야 한다.

참고문헌

1. 국내저서

강효석·이원흠·조장연, 「기업가치평가론」, 홍문사, 1997.

이정호 외 3인 공역, 「재무제표분석」, 무역경영사, 1993.

오용규 역, 「실증적 회계이론」, 형설출판서, 1988.

정기영 역, 「재무보고: 회계학의 혁명」, 경문서, 1989.

정혜영 외 4인 공저, 「자본시장과 회계정보」, 양영각, 1993.

한국신용평가(주), 재무제표 전산자료(KIS-FAS).

한국신용평가(주), 재주가수익률 전산자료(KIS-SMAT).

한국경제연구원, KSRI 자료.

2. 국내논문

김권중, 「자산재평가와 회계정보의 유용성에 대한 실증적 분석」, 회계학연구 제22권 제1호, 1997년, pp.37-58.

김문철, 「신규공모주식의 발행가격결정에 있어서의 회계정보의 역할」, 회계학연구 제19호, 1994년, pp.73-102.

김문철, 황인태, 「전기손익수정에 미치는 영향」, 회계학연구 제21권 제4호, 1996년, pp.177-200.

나형균, 「기업가치평가모형을 이용한 주가-이익비율의 차이요인에 관한 실증적 연구 -금융산업을 중심으로-」, 서울대학교 경영학석사학위논문, 1992년.

박준완, "회계이익공시의 정보효과와 기업특성요인에 관한 연구." 회계학연구 제9호, 1989, pp.311-336.

송인만, 박철우, 「신규공모주의 주가수준과 상대적가치」, 증권학회지 제18
집, 1995년, pp.371-418.

신승묘, 「회계정보를 이용한 주식가치의 평가 -Ohlson모형을 주임으로-」,
서울대학교 경영학박사학위논문, 1995년.

이성엽, 「재무비율 간의 관계에 관한 실증연구」, 서울대학교 경영학석사학
위논문, 1995년.

이찬수·반선섭, "자산재평가 기업의 재평가유인에 관한 연구," 회계학연구
제14호, 1992. 7, pp.49-76.

정혜영, 「회계수치에 의한 가격결정모형」, 회계학연구 제20권 제1호, 1995
년 a, pp.1-27.

정혜영, 이현, 장상기, 「재무제표분석과 기업의 내재가치결정에 의한 투자
전략」, 회계학연구 제20권 제1호, 1995년 b, pp.101-130.

조성표, "우리나라 기업의 정치적 비용에 관한 실증연구 -명시적 조세와
암묵적 조세를 중심으로-," 회계학연구 제10호, 1990. 9,
pp.177-206.

최종서, "기업의 자본구조, 지분구조 및 규모와 경영자의 이익수정 유인과
의 관계," 경영학연구 제21권, 1991, 209-244.

최종서, "우리나라 기업경영자들의 회계정정요인에 관한 실증적 연구," 회
계학연구 제10호, 1990. 9, pp.207-234.

황인태, 「기업특성이 전기손익수정항목을 통한 이익조정행위에 대한 연구
-이익유연화를 중심으로-」, 회계학연구 제21권 제4호, 1996년,
pp.123-142.

3. 외국논문

Abarbanell, J., and V. Bernard. 1996. Is the U. S. Stock Market Myopic?
Working Paper. University of Michigan.

Amir, E., B. Lev, and T. Sougiannis. 1998. Analysts' Interpretation and Investors' Valuation of Financial Information: An Inogitudinal Analysis. *Working Paper.* Columbia University, New York University, and University of Illinois at Urbana-Champaign.

Amir, E. and T. Sougiannis. 1998. Analysts' Interpretation and Investors' Valuation of Tax Carryforwards. *Working Paper.* Columbia University and University of Illinois at Urbana-Champaign.

Ball, R., "The Earnings-Price Anomaly," *Journal of Accounting and Economics* 15(1992), pp.319-345.

Basu, S., "Investment Performance of Common Stocks in relation to their Price-Earnings Ratios: a test of the Efficient Market Hypothesis," *Journal of Finance* Vol.32 No.3(June 1977), pp.663-682.

Basu, S., "The relationship between Earnings' Yield, Market Value and Return for NYSE Common Stocks: Further Evidence," *Journal of Financial Economics*(June 1983), pp.129-156.

Beaver, W. and Morse, D., "What determines Price-Earnings Ratios?," *Financial Analysts Journal*(July-August 1978), pp.65-76.

Beaver, W. H., "Commentary: Directions in Accounting Research: NEAR and FAR," *Accounting Horizons* Vol.10 No.2(June 1996).

Benishay, H., "Variability in Earnings-Price Ratios of Corporate Equities," *American Economic Review*(1961), pp.81-94.

Bernard, V. L., "Accounting-Based Valuation Methods, Determinants of Market-to-Book Ratios, and Implications for Financial Statement Analysis," *Working Paper,* University of Michigan(June 1993).

Bernard, V. L., "The Feltham-Ohlson Framework: Implication for Empiricists," *Contemporary Accounting Research* Vol.11 No.2(Spring 1995), pp.733-747.

Black, F., "The Magic in Earnings: Economic Earnings versus Accounting

Earnings," *Financial Analysts Journal*(November-December 1980), pp.19-24.

Botosan, C. 1997. Disclosure Level on the Cost of Equity Capital. *The Accounting Review*(July): 323-349.

Chambers, D., R. Jennings, and R. B. Thompson II. 1998. Evidence of the Usefulness of Capitalizing and Amortizing Research and Development Costs. *Working Paper.* University of Illinois at Urbana-Champaign, University of Texas, and Virginia Commonwealth University.

Choi, J., T. Sougiannis, and T. Yaekura. 1998. The Accuracy and Bias of Equity Values Inferred From Analysts' Earnings Forecasts. *Working Paper.* University of Illinois at Urbana-Champaign.

Christie, A. A., "On Cross-Sectional Analysis in Accounting Research," *Journal of Accounting and Economics* 9(1987), pp.231-258.

Clubb, C. B., "Valuation and Clean Surplus Accounting: Some Implications of the Feltham and Ohlson Model for the Relative Information Content of Earnings and Cash Flows," *Contemporary Accounting Research* Vol.13 No.1(spring 1996), pp.329-337.

Collins, D. W., and K. Den Adel. 1996. The Role of Future Earnings and Dividends in Security Valuation: A Reexamination of the Fundamental Links. *Working Paper.* University of Iowa.

Collins, D. W., E. L. Maydew, and I. S. Weiss. 1998. Changes in the Value-Relevance of Earnings and Book Values over the Past Forty Years. *Journal of Accounting and Economics* 24: 39-67.

Dhaliwal, D., K. R. Subramanyam, and R. Trezevant. 1997. The Information Content of Comprehensive Income and its Components: Does Clean Surplus Matter? *Working Paper.* University of Arizona and University of Southern California.

Daley, L. A., and R. L. Vigeland, "The Effects of Debt Covenants and

Political Costs on the Choice of Accounting Methods," *Journal of Accounting and Economics*, 1983, pp.195-211.

Dhaliwal, D. S., G. L. Salamon and E. D. Smith, "The Effect of Owner Versus Management Control on the Choice of Accounting Methods," *Journal of Accounting and Economics*, 1982, pp.41-53.

Easton, P. D. and Harris, T. S., "Empirical evidence on the Relevance of Earnings and Book Value of Owners' Equity in Security Valuation," *Working Paper*, Columbia University, (January 1991).

Fairfield, P. M. and Harris, T. S., "Price-Earnings and Price-to-Book Anomalies: Tests of an Intrinsic Value Explanation," *Contemporary Accounting Research* Vol.9 No.2(spring 1993), pp.590-611.

Fama, E. F. and French, K. R., "The Cross-Section of Expected Stock Returns," *The Journal of Finance*(June 1992), pp.427-465.

Feltham, G. A. and Ohlson, J. A., "Valuation and Clean Surplus Accounting for Operationg and Financial Activities," *Contemporary Accounting Research* Vol.11 No.2(Spring 1995), pp.689-731.

Francis, J., P. Olsson, and D. R. Oswald. 1998. Comparing the Accuracy and Explainability of Dividend, Free Cash Flow and Abnormal Earnings Equity Valuation Models. *Working Paper*. University of Chicago and Stockholm School of Economics.

Frankel, R. and Charles M. C. Lee. 1997. Accounting Valuation, Market Expectation, and the Book-to-Market Effect. *Working Paper*. University of Michigan.

Harris, T. S., and D. Kemsley. 1998. Dividend and Capital Gains Taxation in Firm Valuation: New Evidence. *Working Paper*. Columbia University.

Lee, C. M. C., J. Myers, and B. Swaminathan. 1997. What is the Intrinsic Value of the Dow? *Working paper*. Cornell University and University of Washington.

Lev, B. and Ohlson, J. A., "Market-Based Empirical Research in Accounting: A Review, Interpretation, and Extention," *Journal of Accounting and Research* Vol.20(Supplement 1982), pp.249-311.

Litzenberger, R. H. and Rao, C. U., "Estimates of the Marginal rate of Time Preference and Average Risk Aversion of Investors in Electric Utility Shares: 1960-1966," *Bell Journal of Economics*(spring 1971), pp.265-277.

Miller, M. H and Modigliani, F., "Dividend Policy, Growth and the Valuation of Shares," *Journal of Business*(october, 1961), reprinted in Van Horne ed., *Foundation for Financial Management*, pp.481-513.

Ohlson, J. A., "A Synthesis of security valuation theory and the role of dividends, cash flows, and earnings," *Contemporary Accounting Research* Vol.6(1990), pp.648-676.

Ohlson, J. A., "Earnings, Book Values, and Dividends in Equity Valuation," *Contemporary Accounting Research* Vol.11 No.2(Spring 1995), pp.661-687.

Ohlson, J. A., "The theory of value and earnings, and an introduction to the Ball-Brown analysis," *Contemporary Accounting Research* Vol.8 No.1(1991), pp.1-19.

Ou, J. A. and Penman, S. H., "Financial Statement Analysis and the Evaluation of Market-to-Book Ratios," *Working Paper*, Santa Clara University(April 1993).

Ou, J. A. and Penman, S. H., "Financial Statement Analysis and the Prediction of Stock Returns," *Journal of Accounting and Economics*(November 1983a), pp.295-329.

Penman, S. H., "An Evaluation of Accounting Rate-of-return," *Journal of Accounting, Auditing and Finance*(spring 1991), pp.233-256.

Penman, S. H., "Return to Fundamentals," *Journal of Accounting, Auditing and Finance*(fall 1992), pp.465-484.

Penman, S. H., and T. Sougiannis. 1998. A Comparison of Dividend, Cash Flow, and Earnings Approaches to Equity Valuation. *Contemporary Accounting Research..*

Reinganum, M. R., "Misspecification of Capital Asset Pricing: Empirical Anomalies Based on Earnings' Yields and Market Values," *Journal of Financial Economics*(March 1981), pp.19-46

Rosenberg, B. and Reid, K. and Lanstein, R., "Persuasive evidence of Market Inefficiency," *The Journal of Portfolio Management*, (spring 1985), pp.9-16.

Warfield, T. D., and Wild, J. J., and Wild, K. L., "Managerial Ownership, Accounting Choices, and Informativeness of Earnings," *Journal of Accounting and Economics 20, 1995*, pp.61-91.

Zimmerman, J. L., "Taxes and Firm Size," *Journal of Accounting and Economics*, August 1983, pp.119-149.

Ziebart, D. and J. Choi. 1998. The Value Relevance of Purchasing Power Parity Deviatoins in Foreign Currency Translation. *Working Paper.* University of Illinois a Urbana-Champaign.

Zmijewski, M. E., and R. L. Hagerman, "An Income Strategy Approach to the Positive Theory of Accounting Standard Setting/Choice," *Journal of Accounting and Economics*, 1981, pp.129-150.

· 저자 ·

김문현   · 약 력 ·

서울대학교 대학원 경영학 박사

정부산하기관평가단 평가위원,
중소기업특별위원회 중소기업지원사업 평가위원

한국증권연구원 연구위원,
서울대학교 경영연구소 특별연구원,
삼정회계법인 연구원

현) 한국외국어대학교 국제경영학과 교수
현) 더존경영연구소 연구위원

회계정보를 이용한 기업가치평가

기업특성과 보수주의회계의 영향
-Feltham and Ohlson(1995)모형을 중심으로

· 초판 인쇄 | 2006년 7월 20일
· 초판 발행 | 2006년 7월 20일

· 지 은 이 | 김문현
· 펴 낸 이 | 채종준
· 펴 낸 곳 | 한국학술정보㈜
　　　　　　경기도 파주시 교하읍 문발리 526-2
　　　　　　파주출판문화정보산업단지
　　　　　　전화　031) 908-3181(대표)·팩스　031) 908-3189
　　　　　　홈페이지　http://www.kstudy.com
　　　　　　e-mail(e-Book사업부)　ebook@kstudy.com
· 등　　 록 | 제일산-115호(2000. 6. 19)
· 가　　 격 | 17,000원

ISBN　89-534-5406-9 93320 (Paper Book)
　　　　89-534-5407-7 98320 (e-Book)